Contemporánea

Joan Didion (Sacramento, 1934-Nueva York, 2021) fue una célebre novelista y periodista estadounidense. Graduada por la Universidad de Berkeley en California, se le concedió el doctorado *honoris causa* en letras por las universidades de Harvard y Yale. Comenzó trabajando en la revista *Vogue*, donde ejerció de editora y crítica de cine, y fue colaboradora habitual de *The New York Review of Books*. Junto con su marido, John Gregory Dunne, escribió también guiones cinematográficos, entre los que se encuentra el basado en *Según venga el juego*, llevada al cine por Frank Perry y protagonizada por un joven Anthony Perkins. Es autora de las novelas *Río revuelto*, *Según venga el juego*, *Book of Common Prayer*, *Democracy* y *The Last Thing He Wanted*. También de varios libros de memorias, como *Where I Was From*, *Noches azules* y el aclamado *El año del pensamiento mágico*, que fue ganador del National Book Award y finalista del Premio Pulitzer y del National Book Critics Circle Award. A lo largo de su carrera publicó diversos libros de ensayo sobre la cultura y la política norteamericanas, una selección de los cuales se incluyen en *Los que sueñan el sueño dorado*, así como *Lo que quiero decir*, una colección de sus primeros artículos y crónicas, o sus anotaciones inéditas, recogidas en *Sur y Oeste*. *Apuntes para John* es el título de su último libro, unos diarios de publicación póstuma. La mayor parte de su obra en lengua española ha sido publicada en Literatura Random House.

Joan Didion

Noches azules

Traducción de
Javier Calvo

DEBOLS!LLO

Papel certificado por el Forest Stewardship Council®

Penguin
Random House
Grupo Editorial

Título original: *Blue Nights*

Primera edición en Debolsillo: febrero de 2026

© 2011, Joan Didion
© 2012, 2026, Penguin Random House Grupo Editorial, S.A.U.
Travessera de Gràcia, 47-49. 08021 Barcelona
© 2012, Javier Calvo Perales, por la traducción
Diseño de la cubierta: Penguin Random House Grupo Editorial /
Adaptación del diseño original de Jon Gray por Faber & Faber Ltd.
Imagen de la cubierta: © Henn Kim
Fotografía de la autora: © Brigitte Lacombe

Printed in Spain – Impreso en España

ISBN: 978-84-663-9048-4
Depósito legal: B-21.436-2025

Impreso en Black Print CPI Ibérica
Sant Andreu de la Barca (Barcelona)

P 3 9 0 4 8 4

Este libro es para Quintana

1

En ciertas latitudes hay un lapso de tiempo, al acercarse el solsticio de verano y los días posteriores, unas semanas como mucho, en que los crepúsculos se vuelven largos y azules. Este periodo de las noches azules no tiene lugar en la California subtropical, donde yo viví durante gran parte del tiempo del que voy a hablar aquí y donde el final de la luz del día es brusco y queda perdido en el resplandor del sol poniente, pero sí que ocurre en Nueva York, que es donde vivo ahora. Se puede ver ya a finales de abril y principios de mayo, un cambio de estación, no es exactamente que afloje el frío —de hecho, el frío no afloja para nada— y sin embargo de repente el verano parece próximo, una posibilidad, una promesa incluso. Pasas por delante de una ventana, paseas hasta Central Park y te encuentras bañada en el color azul: la luz en sí es azul, y al cabo de una hora más o menos este azul se acentúa, se intensifica aun mientras se oscurece y se apaga y se aproxima finalmente al azul del cristal en un día despejado en Chartres, o al de la radiación de Cherenkov que emiten las varas de combustible de las piscinas de los reactores nucleares. Los franceses llaman a esta hora del día «l'heure bleue». Nosotros la llamamos «el crepúsculo». La misma palabra «crepúsculo» reverbera, despierta ecos —crepitación, crescendo, corpúsculo, crisálida—, lleva en sus consonantes las imágenes de persianas que se cierran, de jardines que se oscurecen, de ríos flanqueados de hierba que se deslizan entre las sombras. Durante las noches azules uno piensa que el día no se va a acabar nunca. A medida que las noches azules se acercan a su fin (y lo hacen, lo hacen siempre) uno experimenta un escalofrío literal, una visión de enfermedad, en el mismo momento de darse cuenta: la luz *azul se está yendo, los días ya se están acortando, el verano se ha ido. Este libro se titula «Noches azules» porque en la época en que lo empecé a escribir sorprendí a mi mente volviéndose cada vez más hacia la enfermedad, hacia la muerte de las promesas, el acortamiento de los días, lo inevitable del apagamiento, la muerte de la luz. Las noches azules son lo contrario de la muerte de la luz, pero al mismo tiempo son su premonición.*

2

26 de julio de 2010.

Hoy sería su aniversario de boda.

Hoy hace siete años que sacamos de sus cajas las guirnaldas de flores y echamos el agua en la que venían sobre la hierba de delante de la catedral de San Juan el Divino de Amsterdam Avenue. El pavo real blanco desplegó la cola. El órgano sonó. Ella llevaba jazmines de Madagascar blancos enhebrados en la gruesa trenza que le colgaba a la espalda. Se echó un velo de tul sobre la cabeza y los jazmines de Madagascar se soltaron y cayeron. La flor de plumeria que tenía tatuada justo debajo del omóplato se le veía a través del tul. «Vamos allá», susurró ella. Las niñas con guirnaldas de flores y vestidos de color claro fueron dando brincos por el pasillo de la iglesia y se acercaron por detrás de ella al altar elevado. Terminados todos los discursos, las niñas salieron detrás de ella por las puertas principales de la catedral y pasaron rodeando a los pavos reales (los dos pavos reales azules y verdes iridiscentes y el pavo real blanco) hasta la casa capitular. Allí había sándwiches de pepino y berros, una tarta de color melocotón de Payard y champán rosado.

Todo elegido por ella.

Elecciones sentimentales, cosas que ella recordaba.

Y también yo las recordaba.

Cuando ella dijo que en su boda quería sándwiches de pepino y berros, yo me acordé de ella poniendo los platos de sándwiches de pepino y berros en las mesas que habíamos colocado alrededor de la piscina para el almuerzo de su decimo-sexto cumpleaños. Cuando ella dijo que en su boda quería guirnaldas de flores en lugar de ramos, yo me acordé de ella con tres o cuatro o cinco años bajando de un avión en el aeródromo Bradley Field de Hartford, llevando la guirnalda de flores que le habían dado al marcharse de Honolulú la noche anterior. Aquella mañana estaban a seis grados bajo cero en Connecticut y ella no llevaba abrigo (no lo había llevado cuando salimos de Los Ángeles para ir a Honolulú y no había entrado en nuestros planes ir a Hartford), pero ella no había visto problema alguno. Los niños con guirnaldas de flores no llevan abrigo, me explicó.

Elecciones sentimentales.

El día de la boda a ella se le concedieron todos sus deseos sentimentales salvo uno: ella había querido que las niñas fueran descalzas por la catedral (un recuerdo de Malibú, ella siempre iba descalza por Malibú, siempre tenía en los pies astillas clavadas del porche de madera de secuoya, astillas del porche y alquitrán de la playa y yodo para los arañazos de los clavos que había en las escaleras que bajaban del porche a la playa), pero las niñas tenían zapatos nuevos para la ocasión y querían llevarlos.

EL SEÑOR JOHN GREGORY DUNNE Y SEÑORA
SOLICITAN EL HONOR DE SU PRESENCIA
EN LA BODA DE SU HIJA,
QUINTANA ROO
CON
EL SEÑOR GERALD BRIAN MICHAEL
EL SÁBADO 26 DE JULIO
A LAS DOS EN PUNTO

Los jazmines de Madagascar.

¿Acaso también eran una elección sentimental?

¿Acaso ella recordaba los jazmines de Madagascar?

¿Era por eso que los había querido, era por eso que se los había entretejido en la trenza?

En la casa de Brentwood Park en la que habíamos vivido de 1978 a 1988, una casa lo bastante decididamente convencional (dos pisos, distribución con vestíbulo central, ventanas con persianas y salitas anexas a cada dormitorio) como para parecer *in situ* idiosincrásica («la casa residencial en Brentwood de mis padres», fue como ella llamó a la casa cuando la compramos, una niña de doce años dejando claro que no había sido decisión de ella, que no era de su gusto, una niña reivindicando la distancia que todos los niños se imaginan que necesitan), teníamos jazmines de Madagascar plantados al otro lado de las puertas de la terraza. Cada vez que yo salía al jardín pasaba rozando aquellas flores con textura de cera. Al otro lado de las mismas puertas también había lechos de lavanda y de menta, una maraña de matas de menta, siempre lozano gracias a un grifo que goteaba. Nos mudamos a aquella casa el verano antes de que ella empezara el séptimo curso de lo que por entonces todavía era la Westlake School for Girls de Holmby Hills. Parece que fue ayer. Y nos marchamos de aquella casa el año en que ella estaba a punto de licenciarse por el Barnard College. Para entonces los jazmines de Madagascar y la menta ya estaban muertos, aniquilados por culpa de que el comprador de la casa insistió en que la limpiáramos de termitas envolviéndola en lonas y fumigándola con Vikane y cloropicrina. En el momento de hacer su oferta por la casa, aquel comprador nos hizo saber a través de los agentes inmobiliarios, al parecer con objeto de cerrar el trato, que quería la casa porque se imaginaba a su hija casándose en el jardín. Esto fue unas semanas antes de que nos exigiera que fumigáramos el lugar con el Vikane que mató los jazmines de Madagascar, que mató la menta y también el magnolio rosado que aquella niña de doce años que tan poco apego le tenía a nuestra casa residencial de Brentwood había podido contemplar hasta entonces desde las ventanas de su dormitorio de la segunda planta. A mí no me cabía ninguna duda de que las termitas regresarían. Y tampoco me cabía duda alguna de que el magnolio no.

Cerramos el trato y nos mudamos a Nueva York.

Donde de hecho yo ya había vivido antes, desde que, con veintiún años, salí del Departamento de Inglés de Berkeley y empecé a trabajar en *Vogue* (una transición tan profundamente antinatural que cuando el departamento de personal de Condé Nast me preguntó qué idiomas hablaba con fluidez, a mí solo me vino a la cabeza el inglés medieval) hasta poco después de casarme, a los veintinueve años.

Y donde llevo viviendo otra vez desde 1988.

¿Por qué digo, entonces, que he vivido gran parte de este tiempo en California?

¿Por qué experimenté, entonces, una sensación tan intensa de traición al cambiarme el permiso de conducir de California por otro expedido en Nueva York? ¿Acaso no era una transacción perfectamente natural? Se acerca tu cumpleaños, tienes que renovarte el carnet, ¿qué más da dónde lo renueves? ¿Qué más da que hayas tenido el mismo número en el permiso desde que te lo asignó el estado de California cuando tenías quince años y medio? ¿Acaso no hubo siempre un error en aquel permiso de conducir? ¿Un error que tú conocías? ¿Acaso aquel permiso no decía que medías metro cincuenta y ocho? ¿Cuando tú sabías perfectamente que como mucho —y hablo de estatura máxima, la máxima que alcanzaste antes de que la edad te hiciera perder un centímetro y medio—, cuando sabías perfectamente que como mucho medías metro cincuenta y seis o cincuenta y siete?

¿Por qué me importaba tanto el permiso de conducir?

¿A qué se debía esto?

¿Acaso renunciar al permiso de California implicaba reconocer que nunca volvería a tener quince años y medio?

¿Y quería volver a tenerlos?

¿O acaso el asunto del permiso no era más que un ejemplo más de «la aparente insuficiencia del acontecimiento desencadenante»?

Y pongo entre comillas «la aparente insuficiencia del acontecimiento desencadenante» porque la frase no es mía.

Es Karl Menninger quien la usa, en *El hombre contra sí mismo*, para describir la tendencia a reaccionar exageradamente ante algo que pueden ser unas circunstancias ordinarias y hasta predecibles: una propensión, nos dice el doctor Menninger, habitual entre los suicidas. Y a continuación cita a la joven que se deprime y se mata después de cortarse el pelo. Menciona al hombre que se quita la vida porque le han aconsejado que deje de jugar al golf, al niño que se suicida porque se le ha muerto el canario y a la mujer que se mata después de perder dos trenes.

Fíjense: no un tren, sino *dos* trenes.

Piénsenlo bien.

Reflexionen sobre las circunstancias especiales que hicieron falta para que aquella mujer tirara la toalla.

«En estos ejemplos —nos cuenta el doctor Menninger—, el pelo, el golf y el canario tenían un valor exagerado, de manera que cuando se perdieron o cuando existió aunque solo fuera la amenaza de perderlos, el culatazo de los vínculos emocionales amputados resultó letal.»

Sí, está claro, no hay discusión posible.

«El pelo, el golf y el canario» habían recibido todos un valor exagerado (igual que, presumiblemente, el segundo de aquellos trenes perdidos), pero ¿por qué? El mismo doctor Menninger se hace esta pregunta: «Pero ¿por qué existen estas sobrevaloraciones tan grotescamente exageradas y estas evaluaciones tan incorrectas?». ¿Y acaso se imaginó que ya había contestado la pregunta por el mero hecho de plantearla? ¿Acaso pensaba que lo único que tenía que hacer era formular la pregunta y luego retirarse a una nube de referencias psicoanalíticas teóricas? ¿Acaso podía yo haber convertido en serio el hecho de cambiar mi permiso de conducir de California por otro de Nueva York en una experiencia donde entraban en juego «vínculos emocionales amputados»?

¿Acaso yo lo veía de verdad como una pérdida?

¿Acaso realmente lo veía como una separación?

Y antes de que dejemos el tema de los «vínculos emocionales amputados»:

La última vez que vi la casa de Brentwood Park antes de que su escritura cambiara de manos nos quedamos plantados delante mirando cómo el camión de tres niveles de la compañía de mudanzas Allied se alejaba y doblaba por Marlboro Street, con todo lo que poseíamos por entonces, incluyendo un coche familiar Volvo, ya dentro y de camino a Nueva York. Después de que el camión desapareciera de nuestra vista, cruzamos la casa vacía y salimos por la terraza, un momento de despedida que resultó menos emotivo por culpa de la peste a Vikane que quedaba por toda la casa y de las hojas muertas y acartonadas allí donde habían estado el magnolio rosado y los jazmines de Madagascar. La vez siguiente que estuve en Los Ángeles y pasé por delante con el coche, la casa ya no estaba, la habían tirado abajo, para reemplazarla al cabo de un par de años por una casa ligeramente más grande (con una habitación nueva encima del garaje y un metro de espacio extra en una cocina que ya era lo bastante grande como para que cupiera en ella un piano de cola Chickering que pasaba casi desapercibido), pero a la que le faltaba (para mí) la rotunda convencionalidad de la casa original. Unos años más tarde me encontré en una librería de Washington con la hija del comprador, la misma que este había dicho que se imaginaba casándose en el jardín. Ella estudiaba en alguna universidad de Washington (¿la Georgetown?, ¿la George Washington?) y yo estaba allí para dar una charla sobre prosa y política. Se me presentó. Yo crecí en su casa, me dijo. No exactamente, me abstuve de decirle.

John siempre decía que nos habíamos mudado «de vuelta» a Nueva York.

Pero yo no, nunca.

Brentwood Park era entonces y Nueva York era ahora.

Brentwood Park antes del Vikane había sido una época, un periodo, una década, durante la que todo parecía conectar.

Nuestra casa residencial de Brentwood.

Era exactamente eso. Ella había acertado.

Había tenido coches, piscina y jardín.

Había tenido agapantos, conocidos como lilas del Nilo, unas flores estrelladas e intensamente azules suspendidas sobre largos tallos. Había tenido gauras, unas nubes de diminutas florecillas blancas que solo se hacían visibles al nivel de los ojos cuando la luz del día se apagaba.

Había tenido tapicería inglesa con estampados florales y lino con motivos chinos.

Había tenido un boyero de Flandes inmóvil en el rellano de la escalera, con un ojo abierto, en guardia.

El tiempo pasa.

Los recuerdos se borran, la memoria se adapta, la memoria se ajusta a lo que creemos recordar.

Incluso el recuerdo de los jazmines de Madagascar que ella llevaba en la trenza, incluso el recuerdo de la plumeria tatuada que se le veía a través del tul.

Es horrible verse a uno morir sin hijos. Lo dijo Napoleón Bonaparte.

¿Puede haber para un mortal un dolor mayor que ver a sus hijos muertos? Lo dijo Eurípides.

Cuando hablamos de mortalidad, estamos hablando de nuestros hijos.

Eso lo dije yo.

Ahora me acuerdo de aquel día de julio de 2003 en San Juan el Divino y me asombra lo jóvenes que parecíamos ser John y yo, lo bien que se nos veía. De hecho, ninguno de los dos estaba bien en absoluto: aquella primavera y aquel verano John había pasado por una serie de operaciones cardíacas, en la más reciente de las cuales le habían implantado un marcapasos, cuya eficacia seguía sin estar clara; tres semanas antes de la boda yo me había desplomado en plena calle y me había pasado varias noches en la UCI del Columbia Presbyterian recibiendo transfusiones por culpa de una misteriosa hemorragia gastrointestinal. «Solo te vamos a meter una cámara pequeñita por la boca», me dijeron en la UCI mientras intentaban averiguar qué estaba causando la hemorragia. Me acuerdo de que me resistí: si nunca en la vida había sido capaz de tragarme una aspirina, no me parecía muy probable que pudiera tragarme una cámara.

—Claro que puede, no es más que una cámara *pequeñita*.

Pausa. El intento de desenfado dio paso a la súplica.

—De verdad que es *muy* pequeñita.

Al final me tragué la cámara pequeñita y la cámara pequeñita transmitió las imágenes deseadas, que no mostraron lo que estaba causando la hemorragia pero sí demostraron que con suficientes sedantes cualquiera se puede tragar una cámara pequeñita. Y de manera parecida, en otro ejemplo de uso no del todo eficiente de la medicina de alta tecnología, John podía pegarse un teléfono al pecho, marcar un número y obtener una lectura del marcapasos, lo cual demostraba, según me dijeron, que en el momento preciso en que marcaba el número (aunque no necesariamente antes ni después) el chisme funcionaba.

Desde entonces he tenido razones para ser consciente más de una vez de que la medicina sigue siendo un arte imperfecto.

Y sin embargo, todo había dado la impresión de estar bien cuando tiramos el agua de las guirnaldas de flores en la hierba de delante de San Juan el Divino el 26 de julio de 2003. ¿Acaso podrían haber ustedes visto, si hubieran ido caminando por Amsterdam Avenue y hubieran divisado aquel día al séquito de la novia, lo increíblemente poco preparada que la madre de la novia estaba para aceptar lo que iba a pasar antes de que terminara el año 2003? El padre de la novia muerto mientras cenaba. La novia en un coma inducido, viva únicamente gracias a la respiración asistida y con los médicos de la unidad de cuidados intensivos convencidos de que no sobreviviría a la noche. La primera de una cascada de crisis médicas que terminaría con su muerte veinte meses más tarde.

Veinte meses durante los cuales ella tal vez solo tuvo fuerzas suficientes para caminar por sí misma durante un mes en total.

Veinte meses durante los cuales ella se pasaría semanas enteras en las unidades de cuidados intensivos de cuatro hospitales distintos.

En todas aquellas unidades de cuidados intensivos había las mismas cortinas con estampados azules y blancos. En todas aquellas unidades de cuidados intensivos había los mismos ruidos, el mismo gorgoteo por dentro de los tubos de plástico, el mismo goteo del suero intravenoso, las mismas respiraciones enfermas y las mismas alarmas. En todas aquellas unidades de cuidados intensivos había los mismos requisitos para protegerse de nuevas infecciones, las batas de doble capa, las alpargatas de papel, el gorro quirúrgico, la máscara, los guantes que costaba horrores ponerse y que al quitarlos dejaban un sarpullido que se enrojecía y sangraba. En todas aquellas unidades de cuidados intensivos había las mismas carreras por la unidad cada vez que se anunciaba un código, el ruido de pasos apresurados, el traqueteo del carrito de la medicación.

Esto no le debería estar pasando a ella, recuerdo que pensé yo –escandalizada, como si a ella y a mí nos hubieran prometido una exención especial– en la tercera de aquellas unidades de cuidados intensivos.

Cuando hablamos de mortalidad, estamos hablando de nuestros hijos.

Lo acabo de decir, pero ¿qué significa?

Vale, claro que le puedo seguir la pista, claro que se la pueden seguir ustedes, es otra forma de reconocer que nuestros hijos son rehenes de la fortuna, pero cuando hablamos de nuestros hijos, ¿qué estamos diciendo? ¿Estamos hablando de lo que significó para nosotros tenerlos? ¿De lo que significó para nosotros no tenerlos? ¿De lo que significó dejarlos ir? ¿Estamos hablando del enigma de comprometernos a proteger lo que no puede protegerse? ¿De ese gran misterio que es tener hijos?

El tiempo pasa.

Sí, de acuerdo, qué banalidad, claro que el tiempo pasa.

Y entonces, ¿por qué lo digo? ¿Por qué lo he dicho ya más de una vez?

¿Acaso lo he estado diciendo de la misma manera en que digo que he vivido la mayor parte de mi vida en California?

¿Acaso lo he estado diciendo sin oír lo que decía?

¿Es posible que lo oyera más bien así: *El tiempo pasa, pero no de una manera tan agresiva como para que nadie se dé cuenta*? ¿O incluso: *El tiempo pasa, pero para mí no*? ¿Es posible que yo no hubiera tenido en cuenta la naturaleza general de la pérdida continua de velocidad, ni los cambios irreversibles de la mente y del cuerpo, esa forma en que te despiertas una mañana de verano encontrándote menos elástico de lo que eras y para la Navidad te encuentras con que tu capacidad de moverte se ha ido, está atrofiada, ya no existe? ¿De esa forma en que vives la mayor parte de tu vida en California y de pronto ya no? ¿De esa forma en que tu conciencia del paso del tiempo —esa pérdida permanente de velocidad, la elasticidad que se esfuma— se multiplica, metastatiza y se convierte en tu vida misma?

El tiempo pasa.

¿Es posible que yo jamás me lo hubiera creído?

¿Acaso me creía que las noches azules podían durar para siempre?

3

La primavera pasada, la de 2009, recibí algunas advertencias, señales en el camino, avisos claros de oscurecimiento antes incluso de que llegaran las noches azules.

L'heure bleue. El crepúsculo.

Pero ni siquiera fue evidente la cosa cuando el oscurecimiento del año pasado dio sus primeros avisos.

El primero de esos avisos fue repentino, esa llamada telefónica que desearías no haber contestado, esa noticia que nadie quiere recibir: alguien que había sido amiga íntima mía desde su niñez, Natasha Richardson, había sufrido una caída en una pista de esquí cerca de Quebec (vacaciones de Semana Santa, vacaciones familiares, una pista para principiantes, *esto no debería estar pasándole a ella*), y para cuando se dio cuenta de que no se encontraba del todo bien ya se estaba muriendo, víctima de un hematoma epidural, una lesión traumática en el cerebro. Era la hija de Vanessa Redgrave y Tony Richardson, y una de nuestras amigas más íntimas en Los Ángeles. La primera vez que la vi debía de tener trece o catorce años y todavía no se sentía cómoda con su cuerpo, una adolescente vacilante pero decidida con un maquillaje algo excesivo y unas medias pasmosamente blancas. Había venido de Londres para visitar a su padre en la casa que este tenía en King's Road, Hollywood, una estructura excéntricamente nivelada que había sido propiedad de Linda Lovelace, la estrella de *Garganta profunda*. Tony se había comprado la casa y había procedido a llenarla de luz y loros y galgos ingleses. Al llegar Tasha de Londres él la invitó a cenar con nosotros en La Scala. La cena no estaba planeada como celebración de su llegada, pero resultó que aquella noche en La Scala había mucha gente a quien su padre y yo conocíamos, y su padre hizo que acabara pareciendo una celebración. A ella le gustó. Unos años más tarde Quintana llegó a esa misma edad complicada y Tasha, que ya tenía diecisiete, estaba pasando el verano en Le Nid du Duc, el complejo residencial que su padre había inventado, un entretenimiento propio, el capricho de un director, en las colinas del Var que dominan Saint-Tropez.

Decir que Tasha estaba pasando el verano en Le Nid du Duc no consigue describir adecuadamente la situación. De hecho, para cuando John y yo llegamos a Francia aquel verano, Tasha ya dirigía Le Nid du Duc, convertida en la gobernanta de diecisiete años de lo que era nada menos que una fiesta de todo un verano de duración para una población flotante de una treintena de personas. Tasha dirigía el avituallamiento de las diversas casas que constituían el complejo. Tasha cocinaba y servía, sin ayuda de nadie, tres comidas diarias para los treinta comensales fijos y también para todos los invitados extra que subieran la colina y se tomaran una copa y esperaran a que se desplegaran las largas mesas bajo los limeros; y no solo cocinaba y servía las comidas, sino que, tal como explicaba Tony en sus memorias, *The Long-Distance Runner*, «ni se inmutaba cuando le decían que venían veinte personas más para comer».

Y lo que es más asombroso: a los diecisiete años, Tasha estaba asumiendo la iniciación en la vida adulta no solo de sus hermanas Joely y Katharine, sino también de dos alumnas de octavo curso de Los Ángeles, una de ellas Quintana y la otra la hija de Kenneth y Kathleen Tynan, Roxana, las dos ansiosas por crecer y decididas a portarse mal. Tasha se aseguraba de que Quintana y Roxana fueran al lugar correcto de la playa de Saint-Tropez todas las tardes, y el lugar correcto aquel verano era el Aqua Club. Tasha se aseguraba de que a Quintana y Roxana les fueran presentados como era debido los chicos italianos que las seguían por la playa, y para Tasha una presentación «como era debido» significaba comer sentados a las mesas alargadas de debajo de los limeros de Le Nid du Duc. Tasha llegaba del Aqua Club y Tasha preparaba un *beurre blanc* perfecto para el pescado que Tony había traído por la mañana y Tasha miraba cómo Quintana y Roxana hipnotizaban a los chicos italianos para hacerles creer que no tenían delante a dos chicas de catorce años que unos días antes habían llevado los uniformes de color pastel de los colegios femeninos de Westlake y Marlborough en Los Ángeles, sino a prodigiosamente sofisticadas estudiantes de la UCLA.

Y nunca, ni una sola vez, jamás en la vida, oí que Tasha las delatara ni por aquella ni por ninguna de las otras fantasías románticas de aquel verano.

Au contraire.

Tasha urdía las fábulas, Tasha escribía los romances.

La última vez que la vi fue unas pocas noches después de que se cayera en la pista para principiantes de las inmediaciones de Quebec, en una habitación del hospital Lenox Hill de Nueva York, acostada como si estuviera a punto de despertarse.

Pero no estaba a punto de despertarse.

La habían traído en avión desde Montreal mientras su familia se reunía en Nueva York.

Cuando salí del hospital después de visitarla había fotógrafos fuera, esperando a que la familia se les pusiera a tiro.

Di un rodeo al sitio donde estaban los fotógrafos para salir a Park Avenue y me marché andando a casa.

Su primer matrimonio, con el productor Robert Fox, se había celebrado en mi apartamento. Para la ceremonia ella había llenado todas las habitaciones de flores de membrillo. Las flores habían terminado por caerse, pero las ramas habían seguido allí, frágiles y polvorientas, con los brotes partiéndose, y sin embargo perdurando como elementos decorativos en la sala de estar. Cuando volví aquella noche del Lenox Hill, el apartamento parecía lleno de fotografías de Tasha y

,de sus padres. Su padre durante el rodaje de *La frontera*, subido en una cámara de Panavision. Su padre rodando en España, con un anorak rojo, dirigiendo a Melanie Griffith y a James Wood en un proyecto para la HBO que John y yo hicimos con él. Su madre en los camerinos del Booth Theater de la calle Cuarenta y cinco Oeste, el año en que ella y yo hicimos una obra juntas. Y la propia Tasha, hablando con John en una de las largas mesas que ella había sacado para el banquete de bodas en su granja de Millbrook cuando se casó por segunda vez, en esta ocasión con Liam Neeson.

Ella había dirigido aquella boda en la granja de la misma manera en que antes y después dirigiría los veranos en Le Nid du Duc.

Había conseguido incluso un sacerdote y una misa para la boda. Ella llevaba tiempo refiriéndose al sacerdote como «el padre Dan». Pero solo cuando se puso de pie para oficiar la ceremonia me di cuenta de que «el padre Dan» no era otro que Daniel Berrigan, uno de los activistas hermanos Berrigan. Daniel Berrigan había trabajado de asesor en *La misión* de Roland Joffé. Y Liam había tenido un papel en *La misión*. Y, por consiguiente, Tasha había diseñado todo el evento como una representación teatral, como uno de esos momentos que Tony amaba por encima de todo. Y le habría gustado especialmente el hecho de que Tasha se olvidara de las ostias y tuviera que partir unas cuantas baguettes para reemplazarlas, pero el día de aquella boda Tony ya estaba muerto.

Tasha murió en marzo de 2009.

Esto no le debería estar pasando a ella.

Para su veintiún cumpleaños su padre filmó el almuerzo que había organizado en su honor en la antigua casa de Linda Lovelace en King's Road. En la película John le deseaba feliz cumpleaños. En la película Quintana y Fiona Lewis y Tamara Asseyev le cantaban «Girls Just Want to Have Fun». En la película, después del almuerzo soltábamos montones de globos blancos y contemplábamos cómo se alejaban volando por encima de las colinas de Hollywood. Estos son los versos de W.H. Auden que Tony citó aquella tarde diciendo que eran «lo mejor que se le puede desear a alguien por su veintiún cumpleaños»:

> *Te deseo por tanto*
> *la teatralidad, pues*
> *solo llegarán lejos*
> *quienes aman y conocen la ilusión.*

Tasha y su padre y John y Quintana y los galgos ingleses y los loros y los globos blancos, todos siguen allí, en la película.

Y yo tengo una copia de la película.

«Te deseo por tanto la teatralidad…»

Eso habría dicho su padre en la boda de Millbrook.

El segundo de los mencionados avisos, este no tan inesperado ni mucho menos, llegó en abril de 2009.

Debido a que yo había estado mostrando síntomas de neuritis, o de neuropatía, o de inflamación neurológica (no parecía haber acuerdo para ponerle nombre), me hicieron una resonancia magnética y después una angiografía por resonancia magnética. Ninguna de las dos pruebas ofreció una explicación definitiva de los síntomas que yo presentaba, pero las imágenes del círculo de Willis mostraban evidencia de un aneurisma de 4,2 por 3,4 milímetros en las profundidades de dicho círculo de arterias —la anterior cerebral, la anterior comunicante, la carótida interna, la posterior cerebral y la posterior comunicante— situado en la base de mi cerebro. Aquel hallazgo, recalcaron los diversos neurólogos que examinaron las imágenes, era «completamente casual» y no tenía «nada que ver con lo que estamos buscando», y ni siquiera tenía por qué significar nada. Uno de los neurólogos se aventuró a decirme que aquel aneurisma en concreto «no parece que vaya a reventar»; otro me vino a decir: «Si revienta, usted caerá muerta en el acto».

Dio la impresión de que aquello me lo decían para darme ánimos, de manera que fue así como me lo tomé. En aquel momento de abril de 2009 me di cuenta de que ya no me daba miedo morirme, si es que alguna vez me lo había dado: ahora lo que me daba miedo era no morirme, me daba miedo sufrir una lesión en el cerebro (o en el corazón, o en los riñones, o en el sistema nervioso) y sobrevivir, seguir viva.

¿Acaso había habido un instante en que Tasha tuvo miedo de no morir?

¿Acaso había habido un instante en que Quintana tuvo miedo de no morir?

¿Tal vez hacia el final mismo, digamos, por ejemplo, en la mañana de agosto en que yo entré en la UCI con vistas al río del New York-Cornell y uno de los veinte médicos que había en la unidad me mencionó de paso (un punto de interés, un momento de enseñanza posible, una Presentación Médica para dos alumnos, el marido y la madre de la paciente) que estaban llevando a cabo compresión manual porque la paciente ya no podía tomar suficiente oxígeno por medio del respirador artificial? Aunque creo que no lo llamó así, lo llamó «el respirador», a secas. Y yo le pregunté diligentemente (una alumna atenta, al corriente de la jerga) cuánto tiempo llevaba la paciente sin poder tomar suficiente oxígeno del respirador. Y el médico me dijo que por lo menos una hora.

¿Acaso yo no lo entendí bien?

¿Acaso pasé por alto alguna cuestión crucial?

¿Acaso podían haber dejado pasar una hora sin mencionarme que su cerebro ya había sufrido lesiones a causa de la falta de oxígeno?

O planteemos la pregunta de otra manera: ¿y si la estudiante atenta nunca hubiera hecho la pregunta?

¿Acaso se lo habrían mencionado?

Y otra vuelta más de tuerca: si yo no hubiera hecho la pregunta, ¿acaso ella seguiría viva?

¿Aparcada en algún lugar?

¿Sin sentir nada ya, pero viva en lugar de muerta?

¿Puede haber para un mortal un dolor mayor que ver a sus hijos muertos?

¿Acaso hubo algún instante en que ella supiera lo que le aguardaba aquella mañana de agosto en la UCI con vistas al río del New York-Cornell?

¿Y acaso ese instante tuvo lugar aquella mañana de agosto en que ella se estaba muriendo?

¿O bien sucedió años antes, cuando ella pensaba que se estaba muriendo?

4

—Cuando Quintana era niña nos mudamos a Malibú, a una casa con vistas al Pacífico.

Así empezaba el brindis que John propuso en la casa capitular de San Juan el Divino la tarde en que ella se enhebró los jazmines de Madagascar en la trenza y cortó la tarta de color melocotón de Payard. Hubo aspectos de la vida en aquella casa con vistas al Pacífico que él no mencionó; por ejemplo, no mencionó la forma en que el viento soplaba por los cañones y aullaba por debajo de las alas del tejado y las levantaba y cubría las paredes blancas de ceniza de la chimenea, ni tampoco mencionó, por ejemplo, las serpientes rey que caían desde las vigas del garaje al interior del Corvette descapotable que yo aparcaba debajo; tampoco mencionó que por aquellos pagos las serpientes rey se consideraban un recurso valioso, puesto que se interpretaba que la presencia de una serpiente rey en tu Corvette significaba (yo nunca estuve muy convencida) que no tenías una serpiente de cascabel en tu Corvette. Lo que sí mencionó, sin embargo, fue lo siguiente. Puedo citar lo que mencionó exactamente porque después lo apunté. John quería que su hija conservara sus palabras, el recuerdo exacto de él en sus palabras exactas, sobre la infancia de ella.

En la casa no había calefacción —solo calentadores antiguos, pero siempre tuvimos miedo de que incendiaran la casa—, de manera que la calentábamos con la gigantesca chimenea abier-

28

ta de la sala de estar. Por la mañana yo me levantaba y acarreaba la leña para la jornada —usábamos aproximadamente unos cuatro metros cúbicos semanales de leña—, y luego despertaba a Q y le hacía el desayuno y la preparaba para la escuela. Aquel año Joan estaba intentando terminar un libro, así que trabajaba hasta las dos o las tres de la madrugada, luego se tomaba una copa y leía algo de poesía antes de irse a la cama. Siempre dejaba hecho el almuerzo de Q la noche antes y se lo metía en una fiambrera azul pequeñita. Tendríais que haber visto aquellos almuerzos: no eran los típicos sándwiches de mantequilla de cacahuete y mermelada que les das a los niños para que se los lleven a la escuela. Eran sándwiches muy finos, sin corteza, cortados en cuatro triangulitos pequeños y envueltos en celofán transparente para que se conservaran frescos. O bien le ponía pollo frito casero, con un salero y un pimentero diminutos. Y de postre, fresones, con crema agria y azúcar moreno.

Así que yo acompañaba a Q a la escuela, y ella bajaba caminando la escarpada colina. Los niños llevaban uniforme: Quintana llevaba un vestido a cuadros y un suéter blanco, y el pelo —rubio bajo el sol de Malibú— recogido en una coleta. Yo la veía desaparecer colina abajo, con el inmenso Pacífico azul de fondo, y me parecía la cosa más hermosa del mundo. De manera que un día le dije a Joan: «Tienes que verlo, cariño». Y a la mañana siguiente Joan vino con nosotros, y cuando vio cómo Q desaparecía colina abajo se echó a llorar.

Hoy Quintana está regresando colina arriba. Ya no es la rubia con el vestido a cuadros, la fiambrera y la coleta. Es la Princesa Prometida, y en la cima de esa colina la espera su príncipe. De manera que brinden conmigo, por favor, en honor de Gerry y Quintana.

Y brindamos.
Nos sumamos al brindis por Gerry y Quintana.
Brindamos por Gerry y Quintana en San Juan el Divino y unas horas más tarde, cuando ellos ya no estaban, en un

restaurante chino de la calle Sesenta y cinco Oeste, en compañía de mi hermano y su familia, volvimos a brindar por Gerry y Quintana. Les deseamos felicidad, les deseamos salud, les deseamos amor y suerte y unos hijos hermosos. En aquel día de la boda, el 26 de julio de 2003, no veíamos razón alguna para pensar que no iban a recibir aquellas bendiciones tan comunes y corrientes.

Fíjense:

Seguíamos pensando que la felicidad y la salud y el amor y la suerte y los hijos hermosos son «bendiciones comunes y corrientes».

5

Siete años más tarde.

26 de julio de 2010.

Hoy tengo desplegada ante mí sobre la mesa una serie de fotografías que recibí hace poco pero tomadas todas en 1971, en verano u otoño, en la casa sin calefacción de Malibú que se mencionaba en el brindis de la boda o en sus inmediaciones. Nos mudamos a aquella casa en enero de 1971, durante un día completamente despejado en el que se levantó tanta niebla que para cuando regresé en coche a casa después de pasar a última hora por el Trancas Market, situado a unos cinco kilómetros y medio por la Pacific Coast Highway, ya no pude encontrar el camino de acceso a la casa. Como las nieblas crepusculares de enero, febrero y marzo eran algo tan natural en aquella parte de la costa como los incendios forestales en septiembre, octubre y noviembre, aquella desaparición del camino de acceso no resultaba nada atípico: el método predilecto para encontrarlo era contener la respiración, intentar no pensar en el acantilado invisible que se abría bajo nuestros pies, con el océano abierto a más de sesenta metros, y girar a la izquierda.

En las fotografías no aparecen ni las nieblas ni los incendios.

Hay dieciocho imágenes.

Todas muestran a la misma niña con la misma edad, Quintana a los cinco años, con el pelo, tal como se mencionaba en el brindis de la boda, aclarado por el sol de la playa. En unas cuantas lleva puesto el uniforme del colegio, también mencionado en el brindis. En otras, un jersey de cuello alto de cachemir que yo le traje de Londres cuando fuimos aquel mes de mayo a promocionar el estreno en Europa de *Pánico en Needle Park*. En unas cuantas lleva un vestido de algodón a cuadros con decoración de aritos, un poco descolorido y un poco demasiado grande para ella, con aspecto de haberlo heredado de otra niña. En otras lleva vaqueros cortados, cazadora Levi's con tachuelas y una caña de pescar de bambú al hombro, artísticamente colocada allí (por ella misma) por una cuestión no tanto de pesca como de estilo, un accesorio de la indumentaria.

Las fotografías se las hizo uno de sus primos de West Hartford, Tony Dunne, que había venido con un permiso del Williams College para pasar unos meses en Malibú. Solo llevaba un par de días en Malibú cuando a Quintana se le empezó a caer el primer diente de leche. Ella se dio cuenta de que el diente estaba un poco suelto y se puso a toquetearlo, con lo que el diente se soltó más. Yo intenté recordar cómo había resuelto aquella situación en mi infancia. En mi recuerdo más coherente aparecía mi madre atándome un cordel al diente suelto, atando la otra punta del cordel al pomo de una puerta y cerrando de un portazo. Así que ahora intenté lo mismo. Pero el diente no se movió. Y ella rompió a llorar. De manera que agarré las llaves del coche y llamé a gritos a Tony: atar el cordel al pomo de la puerta había agotado hasta tal punto mi capacidad para los remedios improvisados que lo único que se me ocurría ahora era llevarla a urgencias del UCLA Medical Center, que estaba a casi cincuenta kilómetros en dirección a la ciudad. Tony, que había crecido con tres hermanos y muchos primos, intentó convencerme sin éxito de que ir al UCLA Medical Center tal vez fuera un poco exagerado.

—Déjame que antes intente una cosa —me dijo él por fin, y le arrancó el diente.

La siguiente vez que ella notó un diente suelto se lo sacó sola. Yo había perdido mi autoridad.

¿Acaso era yo el problema? ¿Acaso fui yo siempre el problema?

En la nota que Tony me adjuntó al mandarme las fotografías hace unos meses, me cuenta que cada imagen representaba algo que él había visto en Quintana. En algunas es melancolía, unos ojos enormes que miran directamente a la cámara. En otras ella se muestra osada y desafía a la cámara. Se cubre la boca con la mano. Se tapa los ojos con un gorro para el sol de algodón a topos. Camina sobre la espuma de la orilla del mar. Se muerde el labio mientras se balancea colgada de una rama de adelfa.

Unas cuantas de estas fotografías me resultan familiares.

De una de ellas, en la que lleva puesto el jersey de cuello alto de cachemir que le compré en Londres, tengo una copia enmarcada en mi mesa de trabajo de Nueva York.

En mi mesa de trabajo de Nueva York tengo también una fotografía enmarcada que hizo ella misma una Navidad en Barbados: las rocas de delante de la casa de alquiler, el mar poco profundo, la espuma de las olas. Recuerdo la Navidad en que sacó aquella foto. Habíamos llegado a Barbados de noche. Ella se había ido inmediatamente a la cama y yo me había sentado fuera a escuchar la radio y a tratar de localizar una cita que yo creía que era de *Tristes trópicos* de Claude Lévi-Strauss pero que jamás pude encontrar: «Los trópicos no son exóticos, simplemente están anticuados». En algún momento después de que ella se fuera a dormir oí la noticia por la radio: Estados Unidos había invadido Panamá. Nada más amanecer la desperté para contarle aquella información que a mí me parecía tan necesaria. Ella se cubrió la cara con la sábana, indicando a las claras que no tenía ningún interés en hablar del tema. Pese a todo, insistí. Ella me dijo que ya había sabido «ayer mismo» que íbamos a invadir Panamá por la noche. Yo le pregunté cómo había sabido «ayer mismo» que por la noche íbamos a invadir Panamá. Pues porque, me dijo, ayer todos los fotógrafos de la SIPA se pasaron por la oficina a recoger sus credenciales para la invasión de Panamá. La SIPA era la agencia fotográfica para la que ella trabajaba por entonces. Luego se volvió a esconder bajo la sábana. Yo

33

no le pregunté cómo era que no se le había ocurrido mencionar la invasión de Panamá durante las cinco horas del vuelo. «Para mamá y papá —dice la dedicatoria de la fotografía—. Intentad imaginaros la seducción del mar si podéis, os quiero XX, Q.»

Ella había sabido ayer mismo que íbamos a invadir Panamá por la noche.

Los trópicos no eran exóticos, solo estaban anticuados.

Intentad imaginaros la seducción del mar si podéis.

Incluso en las fotos de Malibú que no me resultan familiares reconozco ciertos detalles: la mesilla improvisada junto a una silla de la sala de estar; uno de los cuchillos de mesa Craftsman de mi madre, que identificamos como «de la tía Kate»; las sillas de madera Hitchcock con el respaldo recto que mi suegra había pintado de negro y dorado para mandárnoslas desde Connecticut.

La rama de adelfa de la que ella se balancea me resulta familiar, la curva de la playa por la que ella avanza pateando la espuma me resulta familiar.

Por supuesto, la ropa me resulta familiar.

Durante un tiempo la estuve viendo todos los días, la lavaba todos los días, la colgaba para secarla al viento en las cuerdas que tenía al otro lado de la ventana de mi despacho.

Escribí dos libros mientras miraba cómo la ropa de ella se secaba en aquellas cuerdas.

Cepíllate los dientes, cepíllate el pelo, no hagas ruido, que estoy trabajando.

Eso decía la lista de «Frases de mamá» que ella colgó un día en el garaje, a modo de artefacto perteneciente al «club» que ella había montado con una niña que vivía playa abajo.

Lo que me sigue resultando poco familiar, lo que reconozco ahora en las fotografías pero no acerté a ver en la época en que fueron tomadas, son las asombrosas profundidades y bajíos de sus expresiones, sus vertiginosos cambios de estado de ánimo.

¿Cómo pude no ver algo que estaba allí tan claramente?

34

¿Acaso no leí el poema que aquel año ella trajo a casa de la escuela, un poema sobre nuestra escarpada colina? ¿La misma escuela a la que ella iba con el vestido a cuadros del uniforme y a la que llevaba la fiambrera azul? ¿La escuela hasta la que John la miraba caminar todas las mañanas, pensando que aquello era la cosa más hermosa del mundo?

«El mundo», se titulaba aquel poema, y ahora reconozco su meticulosa letra de imprenta, quijotescamente ejecutada en una estrecha tira de cartulina de treinta y cinco centímetros de largo pero solo cinco de ancho. Se trata de una meticulosa letra de imprenta que veo todos los días: tengo esa tira de cartulina enmarcada en una pared de mi cocina de Nueva York, junto con varios recuerdos más de la época: una copia de «California Winter» de Karl Shapiro recortada del *New Yorker*, una copia de «Cierto cansancio» de Pablo Neruda, mecanografiado por mí con una de las varias docenas de máquinas de escribir Royal que compró mi padre (junto con unos cuantos comedores, una torre de vigilancia antiincendios y el jeep Ford de color caqui en el que yo aprendí a conducir) en una subasta del gobierno; una postal de Bogotá, que John y yo le mandamos a Quintana a Malibú; una fotografía que mostraba la mesilla de café de la sala de estar de la casa de la playa después de la cena, con las velas consumiéndose y las tacitas plateadas llenas de santolina; un cartel mimeografiado del Departamento de Bomberos del distrito de Topanga-Las Vírgenes que daba instrucciones a los residentes del distrito sobre qué tenían que hacer «cuando se produzca un incendio».

Fíjense: no «*en caso de que* se produzca un incendio».

Cuando se produzca un incendio.

En el Departamento de Bomberos del distrito de Topanga-Las Vírgenes nadie se refería a lo que la mayoría de la gente imagina cuando oye las palabras «fuego forestal», unos pocos indicios de humo y alguna llama ocasional: en el Departamento de Bomberos del distrito de Topanga-Las Vírgenes se referían a incendios que ardían en frentes de treinta kilómetros y que en su avance vomitaban llamaradas de cuatro metros.

Aquel no era un territorio clemente: recuerden lo de encontrar el camino de entrada.

O piensen también en el poema «El mundo», escrito en su excéntrica tira de cartulina y con su meticulosa letra de imprenta, que tapaba un lado del cartel mimeografiado del Departamento de Bomberos del distrito de Topanga-Las Vírgenes. Como es posible que las decisiones tomadas por la meticulosa calígrafa tuvieran significado o no, reproduzco aquí el texto de «El mundo», con la disposición que ella le dio y su único error ortográfico:

EL
MUNDO

En el mundo
no hay más
que mañana
y noche
no hay
día ni almuerzo
o sea que este mundo
es pobre y desértido.
Es una
especie de
isla con
solo tres
casas
y en ellas
familias de
2, 1, 2 personas
en cada casa
o sea que 2, 1 y 2
solo 5 personas
en toda
la isla.

De hecho, la playa en la que vivíamos, nuestra «especie de isla», tenía efectivamente «solo tres casas», o, para ser más exactos, tenía solo tres casas que estuvieran ocupadas todo el año. Una de esas tres casas era propiedad de Dick Moore, un director de fotografía que cuando no estaba rodando vivía allí con sus dos hijas, Marina y Tita. Fue Tita Moore quien montó con Quintana el club entre cuyas actividades se contó el colgar las «Frases de mamá» en nuestro garaje. Tita y Quintana también montaron una empresa comercial, «la fábrica de jabón», consistente en derretir y dar nueva forma a todas las pastillas que quedaran del jabón con olor a gardenias I. Magnin que yo solía encargar por cajas, para después venderle el resultado a la gente que pasaba por la playa. Pero como ambos extremos de dicha playa quedaban sumergidos por la marea, durante el horario comercial de la fábrica de jabón no se ma terializaba más que un par o tres de transeúntes, lo que me permitía a mí comprar otra vez mi propio jabón I. Magnin, reconfigurado para dejar de ser óvalos prístinos con aspecto de marfil y convertido en amasijos grises. No recuerdo nada de las demás «familias» de aquellas casas, pero en la nuestra yo habría dicho que no éramos «2, 1, 2 personas», sino «3 personas».

Tal vez Quintana veía nuestra «especie de isla» de una manera distinta.

Tal vez tenía razones para ello.

Cepíllate los dientes, cepíllate el pelo, no hagas ruido, que estoy trabajando.

Un día, en la época en que vivíamos en la casa de la playa, llegamos a casa y nos encontramos que ella había hecho una llamada a lo que en nuestra franja de la costa se conocía familiarmente como «Camarillo». Camarillo era por entonces una clínica psiquiátrica estatal situada a treinta y tantos kilómetros al norte, en el condado de Ventura, el mismo en el que ingresaron a Charlie Parker para desintoxicarse y que luego recordó en su tema «Relaxin' at Camarillo», la institución de la que en ocasiones se decía que había servido de inspiración para el «Hotel California» de los Eagles.

Había llamado a Camarillo, nos explicó, para averiguar qué tenía que hacer en caso de volverse loca.

Tenía cinco años.

En otra ocasión volvimos a aquella casa de la playa y descubrimos que había hecho una llamada a la Twentieth Century-Fox.

Había llamado a la Twentieth Century-Fox, nos explicó, para averiguar qué tenía que hacer para convertirse en una estrella.

Y también tenía cinco años, tal vez seis.

Ahora Tita Moore está muerta, murió antes que Quintana.

Dick Moore también está muerto, murió el año pasado.

Marina me llamó hace poco.

No me acuerdo de qué hablamos Marina y yo, pero sé que no hablamos del club que tenía las «Frases de mamá» en el garaje y sé que no hablamos de la fábrica de jabón y sé que no hablamos de cómo los extremos de la playa quedaban sumergidos por la marea.

Digo esto porque no creo que ni Marina ni yo pudiéramos haber sido capaces de tener una conversación así.

Relájate, dice el encargado de noche.
Estamos programados para recibir.
Puede usted dejar la habitación cuando quiera.
Lo que no puede es marcharse.

Así dice la letra de «Hotel California».

Profundidades y bajíos, cambios vertiginosos.

Ella ya era una persona. Y yo nunca me pude permitir verlo.

¿Y qué decir del cuchillo de mesa Craftsman de mi madre?

Aquel cuchillo de mesa Craftsman que estaba en la mesa de la tía Kate, el que reconozco en las fotografías, ¿acaso era el mismo cuchillo de mesa Craftsman que cayó por entre los tablones de secuoya del porche y a la maleza de la ladera? ¿El mismo cuchillo de mesa Craftsman que estuvo perdido en la maleza hasta que la hoja estuvo mellada y el mango lleno de arañazos? ¿El cuchillo que solo encontramos al revisar los desagües de la ladera a fin de pasar la inspección geológica necesaria para vender la casa y mudarnos a Brentwood Park? ¿El cuchillo que yo guardé para legárselo después a ella, un recuerdo de la playa, de su abuela, de su infancia?

Todavía tengo aquel cuchillo.

Todavía mellado y con arañazos.

Y todavía tengo el diente de leche que le sacó su primo Tony, guardado en un joyero con forro interior de satén, junto con los dientes de leche que ella misma se sacaría más tarde y tres perlas sueltas.

Los dientes de leche que también tendrían que haber sido para ella.

De hecho, ya no valoro esa clase de recuerdos.

Ya no quiero recordatorios de lo que fue, de lo que se rompió, de lo que se perdió y de lo que se echó a perder.

Hubo una época, una época larga, desde mi infancia hasta hace bastante poco, en que me pareció que sí los quería.

Una época en la que creí que podría tener a la gente plenamente presente, tenerlos conmigo, si preservaba sus recuerdos, sus «cosas», sus tótems.

Los detritos de aquella fe equivocada llenan ahora los cajones y armarios de mi apartamento en Nueva York. No puedo abrir un cajón sin ver algo que, si lo pienso, no quiero ver. No puedo abrir un armario donde haya quedado sitio para la ropa que tal vez sí quiero llevar. En uno de los armarios que hubiera podido utilizar para tal fin, me encuentro en cambio tres viejos impermeables Burberry de John, una chaqueta de ante que le regaló a Quintana su primer novio y una capa de angora, comida por las polillas desde hace mucho, que le regaló mi padre a mi madre poco después de la Segunda Guerra Mundial. En otro armario encuentro una cajonera y un montón peligrosamente alto de cajas de todo tipo. Abro una de las cajas. Encuentro fotografías que hizo mi padre cuando era ingeniero de minas en la Sierra Nevada durante los primeros años del siglo veinte. En otra de las cajas encuentro los trozos de encaje y bordado que mi madre decidió conservar de las cajas de recuerdos de su madre.

Las perlas negras.

Los rosarios de marfil.

Los objetos para los que no existe una resolución satisfactoria.

En la tercera de las cajas encuentro madeja tras madeja de lana para bordar, guardadas por si acaso había que hacer alguna reparación a alguno de los bordados que regalé en 2001. En la cajonera me encuentro trabajos de cuando Quintana iba a la escuela femenina Westlake: un ejercicio de investigación sobre el estrés, un análisis del rol de Angel Clare en *Tess la de los d'Urberville*. Me encuentro sus uniformes de verano de Westlake y me encuentro sus pantalones cortos de gimnasia azul marino. Me encuentro la bata azul y blanca que llevaba cuando hizo de voluntaria en el Saint John's Hospital de Santa Mónica. Me encuentro el vestido de lana estampado en negro que le compré en el Bendel's de la calle Cincuenta y siete Oeste cuando tenía cuatro años. Cuando le compré aquel vestido de lana estampado en negro, Bendel's todavía estaba en la calle Cincuenta y siete Oeste. Fijaos si hace tiempo. Después de que Geraldine Stutz dejara de dirigirlo, Bendel's se convirtió en una tienda más, pero cuando todavía estaba en la calle Cincuenta y siete Oeste y yo compré allí el vestido, era un sitio especial, yo no quería que ninguna de nosotras dos llevara puesto nada de ninguna otra tienda, era todo chiffón de Holly's Harp y bajos ondulados y tallas cero y dos.

Otros objetos para los que no existe una resolución satisfactoria.

Continúo abriendo cajas.

Me encuentro más fotografías descoloridas y agrietadas de las que quiero volver a ver en la vida.

Me encuentro muchas invitaciones a bodas de gente que ya no está casada.

Me encuentro muchos recordatorios de los funerales de gente cuya cara ya no recuerdo.

En teoría todos esos recuerdos sirven para evocar momentos pasados.

Pero la verdad es que solo sirven para dejar claro lo poco que aprecié aquellos momentos cuando los tuve delante.

Y lo poco que aprecié los momentos cuando los tuve delante es otra cosa que ya no me puedo permitir ver.

8

Sus profundidades y sus bajíos, sus cambios vertiginosos.

Por supuesto, no se permitió que siguieran siendo simplemente eso: profundidades y bajíos y cambios vertiginosos.

Por supuesto, terminaron poniéndoles nombres, un «diagnóstico». Los nombres cambiaban todo el tiempo. Por ejemplo, el trastorno maníaco-depresivo se convirtió en TOC, y el TOC eran las siglas del trastorno obsesivo-compulsivo, y el trastorno obsesivo-compulsivo se convirtió en otra cosa, y yo ya nunca me acordaba de qué pero en cualquier caso no importaba, porque para cuando conseguí acordarme ya había un nombre nuevo, un «diagnóstico» nuevo. Pongo la palabra «diagnóstico» entre comillas porque todavía no he visto ni un solo caso en que el «diagnóstico» lleve a una «cura», ni de hecho a ningún otro resultado que no sea una debilidad confirmada y por tanto impuesta.

Una demostración más de que la medicina es un arte imperfecto.

Ella estaba deprimida. Ella tenía ansiedad. Y como estaba deprimida y tenía ansiedad, bebía demasiado. A esto lo llamaron automedicarse. El alcohol tiene sus defectos bien conocidos como medicación para la depresión, pero nadie ha sugerido nunca —pregúntenle a cualquier médico— que no sea el más eficaz agente contra la ansiedad. Esto podría parecer una dinámica bastante sencilla, y sin embargo, una vez medicalizada —cuando se les puso nombre a las profundidades y bajíos y a los cambios vertiginosos—, resultó no serlo. Pasamos por muchos diagnósticos, por muchas afecciones que recibieron muchos nombres, antes de que el menos programático de sus médicos se decidiera por uno que parecía adecuado. Y el nombre de esta afección que parecía adecuada era el siguiente: «trastorno límite de la personalidad». «Los pacientes con este diagnóstico muestran una mezcla compleja de fortalezas y debilidades que confunde al encargado de diagnosticarlas y frustra al psicoterapeuta.» Eso afirma una reseña escrita en 2001 para el *New England Journal of Medicine* sobre la obra *Borderline Personality Disorder: A Clinical Guide* de John G. Gunderson. «Da la impresión de que un día los pacientes son encantadores y serenos y están psicológicamente intactos y al día siguiente se precipitan a una desesperación suicida.» La reseña sigue diciendo: «Entre los rasgos distintivos se encuentran la impulsividad, la inestabilidad emocional, los esfuerzos frenéticos para evitar el abandono y la dispersión de la identidad».

Yo había visto la mayoría de aquellos rasgos distintivos.

Había visto el encanto y la serenidad, y había visto la desesperación suicida.

La había visto desear la muerte tirada en el suelo de su habitación de Brentwood Park, la misma habitación desde la que ella había podido contemplar el magnolio rosado. «Déjame quedarme en el suelo —había dicho entre sollozos—. Déjame quedarme en el suelo y dormir aquí.»

Yo había visto la impulsividad.

Había visto la «inestabilidad emocional», la «dispersión de la identidad».

Lo que no había visto, o lo que de hecho sí que había visto pero no había reconocido, eran los «esfuerzos frenéticos para evitar el abandono».

¿Cómo podía ella haber imaginado que la íbamos a abandonar?

¿Acaso no tenía ni idea de lo mucho que la necesitábamos?

Hace poco leí por primera vez varios fragmentos del libro que mientras lo escribía ella había denominado «la novela que estoy escribiendo solo para enseñárosla». Ella debía de tener trece o catorce años cuando se le ocurrió este proyecto. «Algunos hechos se basan en la verdad y los demás son ficticios —advierte ella al lector al principio—. Todavía no he cambiado los nombres de forma definitiva.» La protagonista de estos fragmentos, que también tiene catorce años y también se llama Quintana (aunque a veces se alude a ella con otros nombres, probablemente ensayos para los cambios definitivos que iba a introducir), cree que puede estar embarazada. En un nudo de la trama que parece específicamente diseñado para «confundir al encargado de diagnosticarla y frustrar a su psicoterapeuta», consulta a su pediatra. El pediatra le aconseja que se lo diga a sus padres. Ella lo hace. Su idea de cómo reaccionarían sus padres, igual que todo el resto del nudo de trama centrado en su embarazo, resulta confuso, una fantasía, una manifestación de lo que podría ser un malestar emocional extremo o tal vez simple invención narrativa: «Dijeron que pagarían por el aborto pero que después se desentenderían por completo de ella. Podía seguir viviendo en la casa residencial de sus padres pero a ellos ya les traería sin cuidado lo que hiciera. A ella no le pareció mal. Su padre tenía mal genio, pero eso demostraba que se preocupaban mucho por su única hija. Ahora ya no se iban a preocupar más. Quintana iba a vivir su vida como le diera la gana».

Llegado este punto el pasaje se interrumpe bruscamente: «En las páginas siguientes descubriréis por qué y cómo Quintana murió y sus amistades ya estaban completamente echadas a perder a los dieciocho años».

Así terminaba la novela que estaba escribiendo solo para enseñárnosla.

¿Para enseñarnos el qué?

¿Enseñarnos que era capaz de escribir una novela?

¿Enseñarnos por qué y cómo iba a morir?

¿Enseñarnos la que ella creía que iba a ser nuestra reacción?

Ahora ya no se iban a preocupar más.

No.

Ella no tenía ni idea de cuánto la necesitábamos.

¿Cómo podíamos habernos entendido tan mal entre nosotros?

¿Acaso ella había decidido escribir una novela porque nosotros escribíamos novelas? ¿Acaso había sido una obligación más que le había venido impuesta? ¿Y acaso ella la había vivido como un miedo? ¿Y nosotros?

Lo que sigue son notas que escribí sobre una figura que en un momento anterior había poblado las pesadillas de ella, un espectro al que ella llamaba el Hombre Roto y que describía tan a menudo y con una especificidad tan inquietante que a menudo me veía impelida a buscarlo en la terraza de su cuarto del segundo piso. «Lleva una camisa de trabajo azul, como si fuera un técnico —me dijo ella en repetidas ocasiones—. Lleva manga corta. Siempre lleva el nombre en la camisa, en el lado derecho. Se llama David, Bill, Steve, uno de esos nombres comunes. Calculo que tiene entre cincuenta y cincuenta y nueve años. Lleva una gorra como la de los Dodgers, azul marino, que pone «GULF». Cinturón marrón, pantalones azul marino y unos zapatos negros muy relucientes. Y habla conmigo con voz muy profunda: "Hola, Quintana, te voy a encerrar aquí en el garaje". En cuanto cumplí cinco años dejé de soñar con él.»

¿David, Bill, Steve, uno de esos nombres comunes?

¿Con el nombre siempre en la camisa, en el lado derecho?

¿Con una gorra como la de los Dodgers, azul marino, que pone «GULF»?

¿Y en cuanto cumplió cinco años dejó de soñar con él?

Fue al decirme ella «Calculo que tiene entre cincuenta y cincuenta y nueve años» cuando me di cuenta de que mi miedo al Hombre Roto era tan incuestionable como el de ella.

9

Sobre este asunto del miedo.

Cuando empecé a escribir estas páginas, yo creía que iban a tratar de los hijos, de los que tenemos y de los que desearíamos tener, de las formas en que dependemos del hecho de que nuestros hijos dependan de nosotros, de las formas en que los animamos a que sigan siendo niños, de las formas en que ellos siempre nos resultan más desconocidos para nosotros que para sus conocidos más casuales; de las formas en que nosotros somos igualmente opacos para ellos.

De las formas en que, por ejemplo, escribimos novelas solo para «enseñárnoslas» entre nosotros.

De las formas en que nuestras inversiones emocionales en los demás siguen estando demasiado viciadas como para poder ver a los demás con claridad.

De las formas en que ni nosotros ni ellos podemos soportar contemplar la muerte ni la enfermedad, ni siquiera el envejecimiento, del otro.

Pero a medida que las páginas avanzaban se me ocurrió que su tema real no era para nada los hijos, o por lo menos no los hijos en sí, por lo menos no los hijos en tanto que hijos: su tema real era esta negativa a abordar dicha consideración, la negativa a afrontar las certidumbres del envejecimiento, la enfermedad y la muerte.

Este miedo.

Solo a medida que las páginas avanzaban entendí que los dos temas eran el mismo.

Cuando hablamos de mortalidad, estamos hablando de nuestros hijos.

Hola, Quintana, te voy a encerrar aquí en el garaje.

En cuanto cumplí cinco años dejé de soñar con él.

En cuanto nació ella, ya nunca dejé de tener miedo.

Tenía miedo de las piscinas, de los cables de alta tensión, de la lejía que había debajo del fregadero, de las aspirinas del botiquín, del mismo Hombre Roto. Tenía miedo de las serpientes de cascabel, de las corrientes de resaca, los corrimientos de tierra, los desconocidos que se presentaban en nuestra puerta, las fiebres sin explicación, los ascensores sin ascensoristas y los pasillos vacíos de hoteles. El origen del miedo era obvio: el daño que ella podía recibir. Una pregunta: si nosotros y nuestros hijos pudiéramos de hecho vernos los unos a los otros con claridad, ¿el miedo desaparecería? ¿El miedo se marcharía para ambos, o bien el miedo solo desaparecería para mí?

10

Ella nació en la primera hora del tercer día de marzo de 1966, en el Saint John's Hospital de Santa Mónica. Nos dijeron que la podíamos adoptar a media tarde del mismo día, el 3 de marzo, cuando Blake Watson, el obstetra que la había traído al mundo, llamó a la casa de Portuguese Bend en la que vivíamos por entonces, situada en la costa a unos sesenta kilómetros de Santa Mónica. Yo me estaba duchando y rompí a llorar cuando John entró en el cuarto de baño para repetirme lo que acababa de decirle Blake Watson. «Tengo un bebé precioso en el Saint John's —era lo que había dicho—. Necesito saber si lo quieren ustedes.» La madre del bebé, nos dijo, era de Tucson. Se había estado alojando con unos parientes hasta que naciera la criatura. Una hora más tarde estábamos plantados delante del ventanal de la maternidad del Saint John mirando a un bebé con el pelo rabiosamente negro y rasgos de pimpollo de rosa. La pulsera que llevaba en la muñeca no tenía escrito su nombre sino las siglas «S.I.», es decir, «Sin información», que era la respuesta que daba el hospital a cualquier pregunta que se pudiera hacer sobre un bebé dado en adopción. Una de las enfermeras le había atado una cinta rosa en el pelo rabiosamente negro. «No, *ese* bebé no —le repetiría John a ella una y otra vez en los años siguientes, representando la escena de la maternidad, desgranando el cuento recomendado de la "elección", el momento en que, de todos los bebés de la maternidad, la habíamos elegido a ella—. Ese bebé no, *aquel*. El de la cinta en el pelo.»

«Cuenta lo de *aquel* bebé –repetiría ella a su vez, a modo de regalo para nosotros, de refrendo de nuestra sabiduría al optar por seguir el cuento recomendado de la elección. El cuento de la elección ya no es universalmente recomendado por los profesionales de la pediatría, pero en 1966 sí lo era–. Cuéntalo otra vez. Lo del bebé de la cinta en el pelo.»

Y más adelante: «Cuenta la historia de cuando os llamó el doctor Watson». Blake Watson ya era una figura popular en aquel recital.

Y luego: «Cuenta lo de la ducha».

Hasta la ducha se había convertido en parte del cuento recomendado de la elección.

3 de marzo de 1966.

Después de salir del Saint John's aquella noche, pasamos por Beverly Hills para contárselo todo al hermano de John, Nick, y a su mujer, Lenny. Lenny se ofreció para encontrarse conmigo en Saks por la mañana para comprar una canastilla de bebé. Ella estaba sacando cubitos de hielo de un recipiente de cristal, preparando copas para celebrarlo. Preparar copas para celebrarlo era lo que hacíamos en nuestra familia para señalar cualquier ocasión fuera de lo habitual, o de hecho también cualquier ocasión habitual. Visto desde la distancia, todos bebíamos más de la cuenta, pero en 1966 esto no se nos ocurría a ninguno. Solo cuando leí mis primeras novelas, en las que siempre había alguien abajo preparando una copa y cantando «Big Noise blew in from Winnetka», me di cuenta de lo mucho que bebíamos todos y de lo poco que pensábamos en ello. Lenny añadió más hielo a mi copa y se llevó el recipiente de cristal a la cocina para rellenarlo.

–Vamos a Saks porque si te gastas ochenta dólares te regalan el moisés.

Yo cogí la copa y la dejé en la mesa.

No se me había ocurrido que necesitaba un moisés.

No se me había ocurrido que necesitaba una canastilla.

El bebé del pelo rabiosamente negro se pasó aquella noche y las dos siguientes en la maternidad del Saint John's y en algún momento durante aquellas dos noches yo me desperté en la casa de Portuguese Bend sintiendo el mismo escalofrío, oyendo el batir de la espuma en las rocas de más abajo, soñando que me había olvidado de ella, que la había dejado dormida en un cajón, que me había ido a la ciudad a cenar o a ver una película y no había pensado para nada en el bebé, que en aquellos mismos momentos podía estar despertándose sola y con hambre en un cajón en Portuguese Bend.

En otras palabras, soñando que yo había fracasado.

Que me habían dado una criatura y yo no la había cuidado.

Cuando pensamos en adoptar un bebé, o ya puestos, en tener hijos, ponemos énfasis en el aspecto de la «bendición».

Omitimos el instante del escalofrío repentino, del «qué pasaría si», de la caída libre en el fracaso seguro.

¿Y si no conseguimos cuidar a este bebé?

¿Y si este bebé no se desarrolla bien, y si no me quiere nunca?

Y lo que es peor todavía, mucho peor, tan peor que resulta impensable, aunque yo sí lo pensé, lo piensa todo el mundo que ha estado esperando para llevarse un bebé a casa: *¿Y si yo nunca consigo querer a ese bebé?*

3 de marzo de 1966.

Hasta aquel instante en que Lenny mencionó el moisés, todo había sucedido muy deprisa. Hasta lo del moisés, todo había parecido muy casual, incluso despreocupado, no muy distinto en espíritu a los suéters de Jax y los vestidos sueltos estampados de algodón de Lilly Pulitzer que todas llevábamos aquel año: el fin de semana de Año Nuevo de 1966 John y yo fuimos a Cat Harbor, en la otra punta de Isla Catalina, a bordo del barco de Morty Hall. Morty Hall estaba casado con Diana Lynn. Diana era una amiga íntima de Lenny. En algún momento de aquel fin de semana en el barco (probablemente en un momento, dada la evolución de la excursión, en que estábamos tomando una copa o pensando en tomarla o bien preparando una copa o pensando en prepararla) yo le mencioné a Diana que estaba intentando tener un bebé. Diana me recomendó que hablara con Blake Watson. Blake Watson había traído al mundo a los cuatro hijos que ella tenía con Morty. Blake Watson también había traído al mundo a la hija adoptiva de Howard y Lou Erskine, unos viejos amigos de Nick y Lenny (Howard había ido al Williams College con Nick) que casualmente también iban en el barco aquel fin de semana. Tal vez porque los Erskine estaban allí o tal vez porque yo había mencionado que quería un bebé o tal vez porque todos nos habíamos tomado la copa que habíamos pensado en tomarnos, el tema de la adopción caló en el ambiente. Al parecer Diana era adoptada, pero la información le había sido ocultada hasta los veintiún años, cuando fue necesario que lo supiera por razones financieras. Sus padres adoptivos habían gestionado la situación revelándole el secreto al agente de Diana (lo cual no había parecido raro por entonces). El agente de Diana había gestionado la situación llevando a Diana a almorzar al hotel Beverly Hills (lo cual tampoco había parecido raro). Diana había recibido la noticia en el Polo Lounge. Recordaba haber salido corriendo y gritando por entre las buganvillas que rodeaban los bungalows.

Eso fue todo.

Y, sin embargo, a la semana siguiente me reuní con Blake Watson.

Cuando nos llamó desde el hospital y nos preguntó si queríamos a aquel bebé tan precioso no lo dudamos ni un momento: lo queríamos.

Cuando nos preguntaron en el hospital cómo íbamos a llamar a aquel bebé tan precioso, tampoco lo dudamos: la íbamos a llamar Quintana Roo. Habíamos visto el nombre en un mapa mientras estábamos en México unos meses antes y nos habíamos prometido el uno al otro que si algún día teníamos una hija (especulación fantasiosa, por entonces no había ninguna hija en perspectiva), se llamaría Quintana Roo. El lugar del mapa llamado Quintana Roo todavía no era un estado, sino únicamente un territorio.

El lugar del mapa llamado Quintana Roo todavía era frecuentado principalmente por arqueólogos, herpetólogos y bandidos. La institución en que se iban a convertir las vacaciones de Semana Santa en Cancún todavía no existía. No existían los vuelos a precio de ganga. No existía el Club Med.

El lugar del mapa llamado Quintana Roo todavía era territorio desconocido.

Igual que el bebé de la maternidad del Saint John's.

L'adoptada, fue como la llamaban en casa.

Y también la llamaban *m'ija*.*

La adopción, tal como yo iba a descubrir, aunque no de inmediato, es algo que cuesta de gestionar bien.

En tanto que concepto, incluso la que por entonces era la explicación más ampliamente aprobada suponía una mala noticia: si alguien te «elegía», ¿qué significaba eso para ti?

¿Acaso no significaba que estabas disponible para ser elegido?

¿Acaso no significaba, a fin de cuentas, que en el mundo solo había dos personas?

¿La que te «elegía»?

¿Y la que no?

¿Estamos empezando a ver cómo entra aquí en juego la idea del «abandono»? ¿Acaso no haríamos nosotros esfuerzos para evitar ese abandono? ¿Y acaso esos esfuerzos no se caracterizarían como «frenéticos»? ¿Queremos preguntarnos a nosotros mismos qué viene a continuación? ¿Necesitamos preguntarnos cuáles son las palabras que nos vienen a la mente a continuación? ¿Acaso una de esas palabras no es «miedo»? ¿Y acaso otra no es «ansiedad»?

Territorio desconocido, tal como yo lo había entendido hasta entonces, quería decir territorio libre de complicaciones.

Jamás se me había ocurrido que ese territorio desconocido pudiera presentar sus propias complicaciones.

---

* Aquí y en línea anterior, en castellano en el original. *(N. del T.)*

11

El día en que legalizamos su adopción, una calurosa tarde de septiembre de 1966, nos la llevamos de los juzgados del centro de Los Ángeles para almorzar en el Bistro de Beverly Hills. En los juzgados había sido el único bebé en adopción; todos los demás aspirantes de aquel día eran adultos que solicitaban adoptarse entre ellos por una u otra ventaja fiscal. Y también en el Bistro, de forma más predecible, había sido la única bebé. *Qué hermosa*, canturreaban los camareros. *Qué chula*.* Nos dieron el banco del rincón, que normalmente estaba reservado para Sidney Korshak, un gesto cuya importancia solo podía ver con claridad alguien que hubiera vivido en aquella comunidad concreta y en aquel momento concreto. «Digamos que Korshak solo tenía que hacer un gesto y los Teamsters cambiaban de directiva –diría más adelante el productor Robert Evans para explicar quién era Sidney Korshak–. Un solo gesto de Korshak y Las Vegas cerraba. Un gesto de Korshak y de pronto a los Dodgers se les permitía jugar de noche.» Los camareros pusieron su canastilla en la mesa, entre ambos. Ella llevaba un vestidito de organdí a topos azules y blancos. Todavía no tenía siete meses. Por lo que a mí respectaba, aquel almuerzo en el banco de Sidney Korshak del Bistro era el final feliz del cuento de la elección. Nosotros habíamos elegido, el bebé precioso había aceptado nuestra elección, ningún progenitor natural se había presentado en los

* Así en el original. *(N. del T.)*

juzgados para ejercer el derecho legal que, de acuerdo con la legislación de California sobre adopciones privadas, le permitía decir simplemente «No, es mía, devuélvanmela».

El problema, tal como yo lo quería ver, estaba cerrado.

El miedo había desaparecido.

Ella era nuestra.

Lo que tardé varios años más en entender fue que yo no había sido la única persona de la casa que sentía ese miedo.

«¿Y si no hubieras contestado el teléfono cuando llamó el señor Watson? —me preguntaba ella de repente—. ¿Y si no hubieras estado en casa? ¿Y si no te hubieras podido reunir con él en el hospital? ¿Y si hubiera habido un accidente en la autopista? ¿Qué habría pasado conmigo entonces?»

Como yo no tenía ninguna respuesta adecuada para aquellas preguntas, me negaba a planteármelas.

Pero ella sí se las planteaba.

Ella vivía con ellas.

Y luego dejó de hacerlo.

«Te quedan tus maravillosos recuerdos», me decía la gente más tarde, como si los recuerdos trajeran consuelo. No lo traen. Los recuerdos son por definición del pasado, de lo que ya no está. Los recuerdos son los uniformes de la Westlake que hay en el armario, las fotografías descoloridas y agrietadas, las invitaciones a las bodas de gente que ya no está casada, las tarjetas impresas en serie de funerales de gente cuya cara ya no recuerdo. Los recuerdos son las cosas que ya no quieres recordar.

12

«Muere a los 88 años Sidney Korshak, legendario interme-
diario de la Mafia de Chicago.»

Eso decía el titular de la necrológica que publicó el *New
York Times* al morir Korshak en 1996. «Dice mucho del éxito
de Sidney Korshak el que nunca fuera formalmente acusado,
pese a las repetidas investigaciones tanto estatales como fe-
derales —seguía diciendo la necrológica—. Y la creencia gene-
ralizada de que sí había cometido aquellos crímenes que las
autoridades jamás pudieron demostrar lo convertía en un
aliado indispensable de los principales productores de Hollywood, ejecutivos de empresas y políticos.»

Treinta años antes Morty Hall había declarado que, por
una cuestión de principios, él y Diana jamás asistirían a ninguna fiesta que organizara Sidney Korshak.

Me acuerdo de que una noche Morty y Diana discutieron
acaloradamente en la cena sobre esta posibilidad puramente
hipotética.

Debo llegar a la conclusión de que Morty y Diana y su
discusión acalorada durante aquella cena sobre si había que
negarse o no a ir a una fiesta organizada por Sidney Korshak
son eso que la gente denomina mis maravillosos recuerdos.

Hace poco vi a Diana en un anuncio antiguo, una de esas
curiosidades que corren por YouTube. Llevaba una estola de
visón de color claro y estaba apoyada en la capota de un Olds-
mobile 88. Con su voz grave, presentaba el Olds 88 como «el
tipo más potente que conozco». Y en ese momento el Olds 88

se ponía a hablar con Diana, mencionando su «motor a reacción» y su «transmisión hydra-matic». Diana se envolvía en la estola de visón de color claro. «Esto es maravilloso», le respondía al Olds 88 con la misma voz grave.

Se me ocurre que, en este viejo anuncio del Olds 88, Diana no tiene pinta de negarse necesariamente a asistir a una fiesta organizada por Sidney Korshak.

También se me ocurre que nadie que se encuentre hoy día este viejo anuncio del Olds 88 en YouTube sabría quién fue Sidney Korshak, ni tampoco quién fue Diana, ni siquiera qué era un Olds 88.

El tiempo pasa.

Diana está muerta. Murió en 1971, a los cuarenta y cinco años, de un derrame cerebral.

Se desplomó después de una prueba de vestuario para una película que tenía que empezar a rodar en unos días, la tercera actriz principal, después de Tuesday Weld y Anthony Perkins, de *Play It As It Lays*, cuyo guión habíamos escrito John y yo y para la cual fue reemplazada por Tammy Grimes. La última vez que la vi fue en una UCI del Cedars-Sinai de Los Ángeles. Lenny y yo habíamos ido juntas a verla al Cedars. La siguiente vez que Lenny y yo estuvimos juntas en una UCI del Cedars fue para ver a Dominique, la hija de Diana y Nick, que había sido estrangulada delante de su casa de Hollywood. «Todavía tiene peor aspecto que Diana», me susurró Lenny cuando vio a Dominique, con una respiración tan entrecortada que apenas la pude oír. Yo sabía lo que Lenny quería decir. Lenny quería decir que Diana no había sobrevivido. Y quería decir también que Diana no iba a sobrevivir. Yo lo sabía —supongo que lo había sabido desde el momento en que el agente de policía que nos había llamado se identificó como agente de «Homicidios»—, pero no quería oírselo decir a nadie. Hace unos meses me encontré con una de las hijas de Diana en Nueva York. Comimos juntas por el barrio. La hija de Diana se acordaba de que nos habíamos visto por última vez un día en que Diana todavía estaba viva y residía en

Nueva York y yo había llevado a Quintana para que jugara con sus hijas. Prometimos mantenernos en contacto. Mientras caminaba de vuelta a mi casa, se me ocurrió que había visto a demasiada gente por última vez en unidades de cuidados intensivos.

13

Hay un tiempo para todo.

Es del Eclesiastés, sí, pero lo primero que me viene a la cabeza es el «Turn Turn Turn» de los Byrds.

Lo primero que me viene a la cabeza es Quintana Roo sentada en los suelos desnudos de madera noble de la casa de Franklin Avenue y en las baldosas de terracota encerada de la casa de Malibú, escuchando a los Byrds en el ocho pistas.

A los Byrds y a los Mamas and the Papas, «Do You Wanna Dance?».

—«I wanna dance» —canturreaba ella a modo de respuesta al ocho pistas.

Hay un tiempo para todo. «Yo echaría de menos los cambios de estación», le gustaba decir a la gente de Nueva York a fin de indicar el orgullo extraordinario que les producía el no vivir en el sur de California. De hecho, el sur de California sí que tiene estaciones: tiene, por ejemplo, «la estación de los incendios» o «la estación en que llega el fuego», y también tiene «la estación en que llegan las lluvias», pero esas estaciones del sur de California, como llegan de manera tan teatral que lo que parecen son golpes arbitrarios del destino, no sugieren de modo inexorable el paso del tiempo. Las otras estaciones, las que tanto se aprecian en la Costa Este, sí. Las estaciones en el sur de California sugieren violencia, pero no necesariamente la muerte. Las estaciones en Nueva York —la implacable caída de las hojas, el oscurecimiento gradual de los días, las mismas noches azules– solo sugieren la muerte. Hubo un tiempo para que yo tuviera una hija. Y ese tiempo pasó. Y todavía no he encontrado el tiempo en que no la oigo canturrearle al cartucho de ocho pistas.

Todavía la oigo canturrearle al cartucho de ocho pistas.

I wanna dance.

Igual que todavía veo los jazmines de Madagascar de su trenza y la plumeria tatuada a través de su velo.

Otra cosa que todavía veo de aquel día de la boda en San Juan el Divino: las suelas de color rojo intenso de sus zapatos.

Llevaba unos zapatos de Christian Louboutin, de satén claro con las suelas de color rojo intenso.

Cuando se arrodilló ante el altar se le vieron las suelas rojas.

14

Antes de que ella naciera habíamos estado planeando un viaje a Saigón.

Teníamos encargos de revistas, teníamos acreditaciones, teníamos todo lo que necesitábamos.

Y, de pronto, también teníamos un bebé.

Aquel año, 1966, durante el cual la presencia militar americana en Vietnam alcanzó los cuatrocientos mil hombres y los B-52 americanos empezaron a bombardear el norte, no se consideró en líneas generales un año ideal para llevar a un bebé al Sudeste Asiático, y sin embargo a mí jamás se me ocurrió abandonar o ni siquiera modificar mi plan. Hasta llegué a comprar todo lo que yo imaginaba que íbamos a necesitar: vestidos de lino de color pastel de Donald Brooks para mí y una sombrilla Porthault floreada para proteger del sol al bebé, como si ella y yo fuéramos a subirnos a un vuelo de la Pan Am y desembarcar en Le Cercle Sportif.

Al final aquel viaje a Saigón no tuvo lugar, aunque su cancelación no se basó para nada en la que habría parecido la razón obvia —al final lo cancelamos porque John tenía que terminar su libro sobre César Chávez y su Asociación Nacional de Trabajadores Agrícolas y la huelga de los vendimiadores de la DiGiorgio en Delano, para el que ya tenía contrato— y si menciono lo de Saigón es únicamente para mostrar hasta qué punto yo no tenía ni idea de lo que podía implicar tener una criatura, ya no digamos adoptada.

¿Cómo iba yo a tener alguna idea?

El Saint John's Hospital de Santa Mónica me había dado a aquel bebé perfecto, salido de la nada. No podía haber sido con mayor exactitud el bebé que yo quería. En primer lugar, era preciosa. *Hermosa, chula.* Me paraba gente desconocida por la calle para decírmelo. «Tengo un bebé precioso en el Saint John's», había dicho Blake Watson, y era cierto. Todo el mundo mandó vestidos, a modo de homenaje a la preciosa niñita. Allí estaban sus vestidos, en su armario, sesenta en total (los conté muchas veces), pequeños volantitos inmaculados de batista y de lino calandrado de Liberty colgadas de sus perchas en miniatura. También las perchas en miniatura eran un regalo para el bebé precioso, otro homenaje de sus parientes instantáneamente adquiridos, de sus perdidamente enamoradas tías y tíos y primos de West Hartford (la familia de John) y de Sacramento (la mía). Recuerdo que le cambié el vestido cuatro veces la tarde en que la trabajadora social del estado de California hizo su visita estipulada por la ley para observar en su entorno doméstico a la candidata a ser adoptada.

Nos sentamos en el jardín.

Y la candidata a ser adoptada jugó a nuestros pies.

Yo no le mencioné a la trabajadora social que hasta hacía muy poco Saigón había figurado en los planes de futuro de la candidata.

Ni tampoco le mencioné que nuestros itinerarios actuales exigían que ella se alojara en el motel Starlight de Delano.

Arcelia, que era quien limpiaba la casa y lavaba los volantitos de batista, se dedicó a regar concienzudamente, de la forma estipulada.

«De la forma estipulada» porque yo había preparado a Arcelia para la visita.

La idea de un encuentro no estructurado entre Arcelia y una trabajadora social del estado de California me había suscitado preocupaciones espectrales ya desde el principio, situaciones imaginadas que me tenían despierta a las cuatro de la mañana y que no hicieron más que multiplicarse a medida que se acercaba la fecha de la visita: ¿y si la trabajadora social se daba cuenta de que Arcelia solo hablaba español? ¿Y si la trabajadora social se interesaba por la cuestión de los papeles de Arcelia? ¿Qué iba a poner la trabajadora social en su informe si adivinaba que yo le estaba confiando el bebé perfecto a una inmigrante sin papeles?

La trabajadora social comentó en inglés que hacía muy buen tiempo.

Yo me puse tensa, temiendo una encerrona.

Arcelia contestó con una sonrisa beatífica y siguió regando.

Yo me relajé.

Y en aquel preciso momento Arcelia, ya no beatífica sino dramática, tiró violentamente la manguera sobre la hierba, cogió en brazos a Quintana y gritó en español: «¡Víbora!».

La trabajadora social vivía en Los Ángeles, tenía que saber lo que significaba *víbora*, en Los Ángeles *víbora* significaba serpiente, y en Los Ángeles serpiente equivalía a serpiente de cascabel. Yo estaba relativamente segura de que aquella serpiente de cascabel era una fantasía, pero pese a todo acompañé adentro a Arcelia y a Quintana y luego me dirigí a la trabajadora social. Es un juego, le mentí. Arcelia finge que ve serpientes. Y todos nos reímos. Porque ya lo ve usted. No hay ninguna serpiente.

En el jardín de Quintana Roo no podía haber serpientes.

Solo más tarde me di cuenta de que la había estado criando como si fuera una muñeca.

Ella nunca me habría culpado por eso.

Ella lo habría visto como una reacción lógica al hecho de que el Saint John's Hospital de Santa Mónica me entregara a aquel bebé precioso salido de la nada, que era ella misma. Después de bautizarla en la iglesia católica de San Martín de Tours de Brentwood, en casa servimos sándwiches de berros y champán, y más tarde, para la gente que siguiera allí a la hora de la cena, pollo frito. La casa que teníamos alquilada aquella primavera pertenecía a Sara Mankiewicz, la viuda de Herman Mankiewicz, que estaba haciendo un viaje de seis meses, y aunque ella había guardado la porcelana que no quería que usáramos junto con el Oscar que Herman Mankiewicz había ganado por *Ciudadano Kane* (te van a visitar tus amigos, me dijo, se van a emborrachar y van a querer jugar con él), sí me había dejado las cuatro fuentes de mesa Minton, que tenían los mismos diseños que los baldosines Minton que revestían la galería con arcos situada al sur de la fuente Bethesda de Central Park. Hasta el bautizo yo no había usado aquellas fuentes para nada, pero aquella noche las saqué para el pollo frito. Recuerdo que Diana se comió un ala de uno de los pollos, y que una brizna de romero era la única imperfección en su manicura por lo demás inmaculada. El bebé perfecto dormía con uno de sus dos vestidos blancos de bautizo (tenía dos vestidos blancos de bautizo porque le habían regalado dos vestidos blancos de bautizo, uno de batista y otro de lino, un homenaje más) en el moisés de Saks. El hermano de John, Nick, sacó fotografías. Ahora miro aquellas fotografías y me asombra cuántas de las mujeres presentes llevaban conjuntos de Chanel y pulseras de David Webb y fumaban cigarrillos. Fue una época de mi vida en la que yo estaba convencida de que, en algún punto entre freír pollo para servirlo en las fuentes Minton de Sara Mankiewicz y comprar la sombrilla de Porthault para proteger al precioso bebé del sol de Saigón, yo ya había cubierto los elementos principales de la maternidad.

15

Hay una razón para que yo les haya hablado de Arcelia y de los sesenta vestidos.

Al escribirlo yo era perfectamente consciente de que un determinado número de lectores (más de los que algunos de ustedes podrían pensar, y menos de los que imaginarán los menos caritativos de ustedes) iban a interpretar esta información aparentemente casual (vestía a su bebé con ropa que necesitaba ser lavada y planchada, y tenía una sirvienta en casa para lavarla y plancharla) como prueba de que Quintana no había tenido una infancia «normal», sino que había sido una criatura «privilegiada».

Y yo quería poner esta cuestión sobre la mesa.

En las infancias «normales» de Los Ángeles a menudo hay alguien que habla español, pero en eso no voy a entrar.

Ni tampoco voy a entrar en el tema de si tuvo una infancia «normal», aunque no estoy completamente segura de que alguien la tenga.

Lo de «privilegiada» ya es harina de otro costal.

Lo de «privilegiada» es un juicio.

Lo de «privilegiada» es una opinión.

Lo de «privilegiada» es una acusación.

Vuelvo a mirar las fotografías que Nick sacó del bautizo.

De hecho, la tarde en que se sacaron esas fotografías, aquella tarde en San Martín de Tours y en la casa de Sara Mankiewicz, la tarde en que Quintana llevó los dos vestidos de bautizo y yo llevé uno de los vestidos de lino de color pastel de Donald Brooks que me había comprado bajo el supuesto erróneo de que iban a hacerme falta en Saigón, yo nunca la consideré la tarde de su «verdadero» bautizo. (Una pregunta: el hecho de comprar vestidos de lino de color pastel para ir a Saigón, ¿lo consideran ustedes una señal de «privilegio»? ¿O más bien lo consideran una señal de estupidez pura y simple?) Su verdadero bautizo había tenido lugar en un fregadero de azulejos de la casa de Portuguese Bend, unos días después de que nos la lleváramos de la maternidad del Saint John's Hospital de Santa Mónica. La había bautizado el propio John, y no me lo contó hasta después de hacerlo.

Recuerdo que se puso un poco a la defensiva sobre aquello.

Lo que me dijo al contármelo no fue exactamente algo del tipo: «Se me ha ocurrido que podríamos bautizar a la niña, ¿a ti qué te parece?».

Lo que me dijo al contármelo fue más bien algo del tipo: «Acabo de bautizar a la niña, te guste o no».

Al parecer había estado preocupado porque todavía faltaban dos meses para la fecha que yo había reservado en San Martín de Tours.

Y al parecer no había querido correr el riesgo de mandar otro bebé sin bautizar al limbo.

Yo sabía por qué él no me lo había contado antes de hacerlo.

No me lo había contado antes de hacerlo porque yo no era católica y él se había imaginado que yo le plantearía alguna objeción.

Sin embargo, de los dos, era yo quien consideraba que aquel día del fregadero había sido el del bautizo «verdadero».

El otro bautizo, el del día en que se sacaron las fotografías, fue simplemente el bautizo «con disfraces».

Ciertas caras de las fotografías me llaman la atención.

Connie Wald, vestida con uno de los varios conjuntos de Chanel que se vieron aquella velada, en su caso uno de tweed azul y crema con el forro de seda de color rosa ciclamen. Fue Connie quien le regaló a Quintana uno de aquellos dos vestidos blancos que llevaría en la iglesia y después. Hasta que llegó a los noventa y tantos años de edad y desarrolló una neuropatía, Connie practicó natación todos los días de su vida. Redujo su régimen de largos diarios y dejó de conducir ella misma por Beverly Hills en un vetusto Rolls-Royce, pero lo demás continuó exactamente igual que antes. Seguía llevando aquellos vestidos de Claire McCardell que le habían regalado cuando era modelo de McCardell en los años cuarenta. Seguía organizando dos o tres cenas por semana, en las que cocinaba ella misma, mezclaba a la gente mayor con la gente joven de una forma que halagaba a todos los presentes, encendía unos fuegos enormes en la chimenea de su biblioteca y llenaba las mesas de almendras saladas y jarrones enormes de capuchinas y de las rosas que seguía cultivando ella misma. Connie había estado casada con el productor Jerry Wald, en quien se decía que se había inspirado Budd Schulberg para crear el personaje de Sammy Glick de su novela *¿Por qué corre Sammy?*, y que había muerto unos años antes de que yo la conociera a ella. Una vez ella me habló de las seis semanas que se había pasado en Nevada para establecer allí su residencia y así poder divorciarse de su anterior marido y casarse con Jerry Wald. No se pasó aquellas seis semanas en Las Vegas, porque el Las Vegas que llegaríamos a conocer después todavía no existía exactamente. Se pasó las seis semanas a treinta kilómetros de Las Vegas, en Boulder City, que había sido levantada por el Departamento de Reciclaje a modo de campamento de construcción del Embalse de Hoover, y donde estaban prohibidos por ley tanto el juego como la afiliación a los sindicatos. Yo le pregunté qué cosas había encontrado para hacer durante aquellas seis semanas en Boulder City. Ella me contó que Jerry le había regalado un perro y que lo paseaba todos los días primero por las calles idénticas y flanqueadas por los bungalows idénticos del gobierno que constituían Boulder City, y luego a través del embalse. Recuerdo que aquella me pareció la historia más intrépida que yo había oído nunca sobre la estancia o no de alguien en Las Vegas, un tema donde no faltan precisamente las historias intrépidas.

Diana.

Diana Lynn, Diana Hall.

La suya es otra de las caras que me llaman la atención en las fotografías tomadas aquel día.

En la fotografía ella tiene una copa larga de champán en la mano y está fumando un cigarrillo. Mientras miro la fotografía se me ocurre que fue Diana quien hizo que aquel día fuera posible. Fue Diana quien me metió en la conversación sobre adopciones durante el fin de semana de Año Nuevo que pasamos en el barco de Marty. Fue Diana quien habló con Blake Watson y fue Diana quien intuyó lo profunda que era mi necesidad de Quintana. Fue Diana quien me cambió la vida.

16

Hay quien siente esa necesidad abrumadora de tener hijos y hay quien no la siente. A mí me vino bastante de golpe, alrededor de los veinticinco años, mientras estaba trabajando en *Vogue*, como si fuera una ola gigante. Y en cuanto me golpeó la ola, empecé a ver bebés por todos lados. Seguía sus cochecitos por la calle. Recortaba fotos de bebés de revistas y las pegaba en la pared de al lado de mi cama. Me dormía imaginándomelos. Imaginándome que los tenía en brazos, imaginando el vello de sus cabecitas, imaginando los puntos blandos de sus sienes, imaginando la forma en que se les dilataban los ojos cuando los mirabas.

Hasta entonces el embarazo no había sido para mí más que un miedo, un accidente que evitar a toda costa.

Hasta entonces yo no había sentido más que alivio en el momento de empezar a sangrar todos los meses. Si ese momento se retrasaba aunque fuera un día, yo salía de mi despacho de *Vogue* y, en busca de una garantía instantánea de que no estaba embarazada, me iba a ver a mi médico, un internista del Columbia Presbyterian que, debido a que su suegra había sido editora jefe del *Vogue* y su consulta siempre estaba abierta a cualquier miembro preocupado de la plantilla de la revista, había llegado a ser conocido como «el médico del *Vogue*». Me recuerdo sentada en la sala de reconocimientos de su consulta en la calle Sesenta y siete Este una mañana, esperando los resultados del último test de embarazo que yo le había suplicado que me hiciera. Él entró en la sala silbando y se puso a humedecer con el pulverizador las plantas de la repisa de la ventana.

La prueba, le apunté yo.

Él continuó humedeciendo las plantas.

Necesitaba conocer los resultados, le dije, porque me iba a ir a pasar la Navidad a California. Tenía el billete en el bolso. Abrí el bolso. Se lo enseñé.

—Puede que no le haga falta billete a California —me dijo—. Puede que le haga falta un billete a La Habana.

Yo entendí correctamente que aquello era un comentario tranquilizador, su forma alambicada de decirme que tal vez necesitara un aborto y que él me podía ayudar a conseguirlo, y sin embargo mi respuesta inmediata fue rechazar con vehemencia la solución propuesta: era una idea delirante, era impensable, me negaba a hablar del tema.

Yo no podía ir a La Habana.

En la Habana había una revolución.

Y de hecho la había: era diciembre de 1958 y faltaban pocos días para que Fidel Castro entrara en La Habana.

Y eso fue lo que le dije.

—En La Habana siempre hay alguna revolución —me dijo el médico del *Vogue*.

Al día siguiente empecé a sangrar y me pasé la noche llorando.

Yo creí que lo que lamentaba era haberme perdido aquel momento tan interesante en La Habana, pero resultó que la ola me acababa de golpear y lo que yo estaba lamentando era no tener al bebé, a aquel bebé al que todavía no conocía, al bebé al que me acabaría llevando del Saint John's Hospital de Santa Mónica. *¿Y si no hubieras estado en casa? ¿Y si no te hubieras podido reunir con el doctor Watson en el hospital? ¿Y si hubiera habido un accidente en la autopista? ¿Qué habría pasado conmigo entonces?* No hace mucho, cuando leí aquel fragmento de novela escrito solo para enseñárnosla, el pasaje en el que la protagonista piensa que puede estar embarazada y su reacción es consultar a su pediatra, me acordé de aquella mañana en la calle Sesenta y siete Este. *Ahora ya no se iban a preocupar más.*

17

Durante aquellos primeros años con ella hubo momentos de los que me acuerdo con gran claridad.

Estos momentos de gran nitidez destacan, se repiten y me hablan directamente; en algunos niveles me inundan de placer y en otros me siguen rompiendo el corazón.

Por ejemplo, me acuerdo muy claramente de que sus primeras transacciones tenían que ver con lo que ella llamaba sus «artículos». Ella imbuía esta palabra —que usaba como sinónimo de «posesiones» pero que parecía derivar de las tiendas de «artículos de viaje» de los muchos hoteles a los que la habíamos llevado— de una importancia considerable, en aquellas vertiginosas alternancias entre la infancia y la sofisticación. Un día, después de pedirme un rotulador indeleble, la encontré dividiendo una caja vacía en «cajones» o zonas diseñadas para cada uno de aquellos «artículos». Los «cajones» que había designado eran los siguientes: «dinero», «pasaporte», «mi jubilación», «joyas» y finalmente —apenas me veo capaz de decirles esto— «juguetitos».

Nuevamente, la meticulosa letra de imprenta.

Ya solo la letra de imprenta me resulta imposible de olvidar.

Ya solo la letra de imprenta me rompe el corazón.

Otro momento que, si lo pienso, no es muy distinto: me acuerdo con gran claridad de la noche de Navidad que pasamos en casa de su abuela de West Hartford, en la que John y yo volvimos del cine y nos la encontramos acurrucada y sola en las escaleras que iban a la segunda planta. Las luces de Navidad estaban apagadas, su abuela estaba durmiendo, todo el mundo en la casa estaba durmiendo pero ella estaba esperando con paciencia a que volviéramos a casa y nos ocupáramos del que ella llamó «el nuevo problema». Le preguntamos cuál era el nuevo problema. «Acabo de darme cuenta de que tengo cáncer», nos dijo, y se retiró el pelo hacia atrás para enseñarnos lo que ella había interpretado que era un bulto en su cuero cabelludo. En realidad era varicela, que obviamente había contraído antes de marcharse del parvulario de Malibú y le estaba saliendo ahora, pero para ella había sido cáncer, ella se había preparado mentalmente para que fuera cáncer.

Se me ocurre una pregunta:

¿Acaso ella hizo hincapié en lo de «nuevo» cuando mencionó «el nuevo problema»?

¿Acaso estaba sugiriendo que había otros problemas «antiguos», sin detallar, problemas con los que ella estaba decidiendo no molestarnos de momento?

Un tercer ejemplo: me acuerdo con gran claridad de la casa de muñecas que ella construyó en los estantes de su dormitorio en la casa de la playa. Se había pasado varios días trabajando en ella, después de estudiar una improvisación parecida en un viejo ejemplar de *House & Garden* («la casa de muñecas de Muffet Hemingway», fue como ella identificó el prototipo, tomando el dato del titular de *House & Garden*), pero por fin había llegado el momento de la inauguración. Allí estaba la sala de estar, me explicó, y el comedor, y la cocina, y el dormitorio.

Yo le pregunté por un estante que estaba sin decorar y en apariencia no asignado.

Aquello, me dijo, iba a ser la sala de proyecciones.

La sala de proyecciones.

Yo intenté asimilar aquello.

Teníamos conocidos en Los Ángeles que sí que vivían en casas provistas de salas de proyecciones, pero que yo supiera ella jamás había visto una. Toda la gente que vivía en casas con salas de proyecciones pertenecía a nuestra vida «profesional». Mientras que ella, o por lo menos eso había imaginado yo, pertenecía a nuestra vida «privada». También me había imaginado que nuestra vida «privada» era algo aparte, dulce y sin contaminar.

Dejé esta distinción de lado y le pregunté cómo tenía planeado decorar la sala de proyecciones.

Pues iba a hacer falta una mesa para el teléfono que permitiera hablar con el proyeccionista, me dijo, y luego se detuvo para pensar en el estante vacío.

—Y lo que sea que me haga falta para el sonido Dolby —añadió.

Mientras describo estos recuerdos tan nítidos, caigo en la cuenta de lo que tienen todos en común: en todos ella está intentando manejar la vida adulta, intentando ser una adulta convincente a una edad en la que todavía tenía derecho a ser una niña pequeña. Era capaz de hablar de «mi jubilación» y del «sonido Dolby» y de «acabar de darse cuenta» de que tenía cáncer, era capaz de llamar a Camarillo para averiguar qué tenía que hacer si se estaba volviendo loca y de llamar a la Twentieth Century-Fox para averiguar qué tenía que hacer para ser una estrella, pero no estaba realmente preparada para actuar basándose en las respuestas que recibiera. Los «juguetitos» todavía podían asumir una importancia análoga. Todavía podía consultar a su pediatra.

¿Acaso era obra nuestra aquella confusión acerca del sitio que ella ocupaba en la cronología de las cosas?

¿Acaso nosotros le exigíamos que fuera adulta?

¿Acaso nuestras expectativas le impedían que respondiera como una niña?

Recuerdo que cuando ella tenía cuatro o cinco años la llevé por la costa hasta Oxnard para ver *Nicolás y Alejandra*. En el camino de vuelta de Oxnard ella se refirió al zar y a la zarina como «Nicky y Sunny», y cuando le pregunté qué le había parecido la película, ella me contestó: «Creo que va a ser todo un éxito».

En otras palabras, pese al hecho de que le acababan de contar una historia que a mí me había parecido realmente desgarradora, una historia que colocaba a padres e hijos en un peligro impensable –y un peligro todavía más impensable para los hijos, puesto que derivaba de la simple mala suerte de tener los padres que tenían–, ella había recurrido sin vacilación alguna a la reacción local por defecto, que era una valoración instantánea del potencial de éxito de audiencia de la película. De manera parecida, unos años más tarde, cuando la llevé a Oxnard a ver *Tiburón*, ella vio la película llena de espanto y luego, mientras yo estaba descargando el coche en Malibú, se fue dando brincos a la playa y se zambulló en la espuma. Cuando tenía ocho o nueve años y se apuntó a Socorrista Infantil –un programa dirigido por los socorristas del condado de Los Ángeles que requería que te llevaran varias veces más allá de la rompiente de Zuma Beach en un bote de socorristas y luego volver nadando a la playa–, John y yo llegamos un día a recogerla y nos encontramos la playa vacía. Por fin la vimos, sola, envuelta en una toalla y encogida detrás de una duna. Al parecer los socorristas habían insistido «sin razón alguna» en llevarse a todo el mundo a sus casas. Yo le dije que alguna razón debía de haber. «Solo los tiburones», me dijo ella. Yo la miré. Estaba claramente decepcionada, incluso un poco disgustada, impaciente por el giro que habían tomado los acontecimientos de aquella mañana. Ella se encogió de hombros. «No eran más que tiburones azules», nos dijo.

Cuando me acuerdo de sus «artículos», me veo obligada a acordarme de los hoteles en los que ella se había alojado antes de tener cinco, seis o siete años. Y digo «obligada a acordarme» porque las imágenes que recuerdo de ella en aquellos hoteles son engañosas. Por un lado, esas imágenes sobreviven como mis recuerdos más veraces de la paradoja que ella era, la niña que intentaba no parecer una niña, la laboriosidad con que ella intentaba presentar la apariencia de una adulta convincente. Por otro lado son precisamente esas imágenes —las mismas imágenes— las que promueven la idea de ella como niña «privilegiada», desprovista en cierta medida de una infancia «normal».

En apariencia ella no tenía nada que hacer en aquellos hoteles.

En el Lancaster y el Ritz y el Plaza Athénée de París.

En el Dorchester de Londres.

En el Saint Regis y el Regency de Nueva York y también en el Chelsea. El Chelsea era para aquellos viajes a Nueva York en que no teníamos los gastos pagados. En el Chelsea le subían una cuna a la habitación y John le traía el desayuno del White Tower que había al otro lado de la calle.

En el Fairmont y el Mark Hopkins de San Francisco.

En el Kahala y el Royal Hawaiian de Honolulú. «¿Adónde se ha ido la mañana?», nos preguntaba cuando se despertaba en el Royal Hawaiian, todavía con el horario del continente, y se encontraba con que el horizonte ya estaba oscuro. «Imaginaos a una niña de cinco años que pasea hasta el arrecife», nos dijo en el Royal Hawaiian, medio desfallecida, cuando la cogimos de las manos y la columpiamos cerca de la orilla.

En el Ambassador y el Drake de Chicago.

Fue en el Ambassador, en el restaurante Pump Room y a medianoche, cuando probó por primera vez el caviar, un éxito dudoso, porque después volvió a querer caviar en todas las comidas, y todavía no entendía del todo la diferencia entre «gastos pagados» y «sin gastos pagados». Se daba el caso de que ella estaba en el Pump Room a medianoche porque aquella noche la habíamos llevado al Chicago Stadium a ver a una banda de rock, los Chicago, a la que estábamos siguiendo a modo de investigación para *Nace una estrella*. Ella se había pasado todo el concierto sobre el escenario, sentada sobre uno de los amplificadores. La banda tocó «Does Anybody Really Know What Time It Is» y «25 or 6 to 4». Ella se había referido a la banda como «los muchachos».

Cuando aquella noche salimos del Chicago Stadium con los muchachos, el público se puso a zarandear el coche, y a ella le encantó.

Ella no se quería ir al día siguiente a casa de su abuela en West Hartford, me dijo cuando volvimos al Ambassador, se quería ir a Detroit con los muchachos.

Así manteníamos nuestra vida «privada» separada de nuestra vida «profesional».

De hecho, ella era inseparable de nuestra vida profesional. Nuestra vida profesional era la razón misma de que ella estuviera en aquellos hoteles. Cuando ella tenía cinco o seis años, por ejemplo, nos la llevamos con nosotros a Tucson, donde se estaba rodando *El juez de la horca*. El Hilton Inn, donde se alojaba el equipo de producción durante el rodaje en Tucson, mandó a una niñera para que se quedara con ella mientras nosotros mirábamos el material rodado de la jornada. La niñera le pidió que le consiguiera el autógrafo de Paul Newman. Hasta le mencionó que tenía un hijo inválido. Quintana consiguió el autógrafo, se lo dio a la niñera y luego se echó a llorar. Nunca me quedó claro si se había echado a llorar por el hijo inválido o porque sentía que la niñera la había manipulado. El director de fotografía de *El juez de la horca* era Dick Moore, pero ella no pareció establecer relación alguna entre aquel Dick Moore con que se encontró en el Hilton Inn de Tucson y el Dick Moore al que se encontraba en nuestra playa. En nuestra playa todo el mundo estaba en casa, incluida ella. En el Hilton Inn de Tucson todo el mundo estaba trabajando, y ella también. «Trabajar» era una forma de estar que ella entendía perfectamente. Cuando ella tenía nueve años me la llevé conmigo en una gira de promoción por ocho ciudades: Nueva York, Boston, Washington, Dallas, Houston, Los Ángeles, San Francisco y Chicago. «¿Qué te parecen nuestros monumentos?», le preguntó Katharine Graham en Washington. Ella pareció perpleja pero animosa. «¿Qué monumentos?», preguntó con interés, sin tener ni idea de que a la mayoría de los niños que visitaban Washington les enseñaban el

Lincoln Memorial en lugar de la National Public Radio y el *Washington Post*. Su ciudad favorita de aquella gira había sido Dallas. La que menos le había gustado había sido Boston. Boston, se había quejado, era «toda blanca».

—¿Quieres decir que en Boston no has visto a mucha gente negra? —le sugirió la madre de Susan Traylor cuando Quintana volvió a Malibú e hizo el informe de su viaje.

—No —dijo Quintana, muy taxativa sobre aquella cuestión—. Quiero decir que no es en color.

En aquel viaje había aprendido a pedir tres chuletas de cordero del servicio de habitaciones.

En aquel viaje había aprendido a dar su número de habitación para que le sirvieran Shirley Temples.

Si algún chófer o algún entrevistador no se presentaba a la hora convenida durante aquel viaje, ella había aprendido qué tocaba hacer: comprobar el programa y «llamar a Wendy», que era la directora de publicidad de Simon & Schuster. Sabía qué librerías declaraban ventas a qué listas de libros más vendidos y sabía los nombres de los principales compradores y también lo que era una sala de pre-plató y a qué se dedicaban los agentes. Ella sabía a qué se dedicaban los agentes porque cuando tenía cuatro años, un día en que me había fallado la persona que me ayudaba con la casa, me la llevé a la oficina de la agencia William Morris de Beverly Hills. Yo la había preparado para la ocasión, explicándole que la reunión iba a tratar sobre el dinero que servía para pagar las chuletas de cordero del servicio de habitaciones, y le hice entender lo importante que era que no nos interrumpiera ni me preguntara cuándo podíamos marcharnos. Pero resultó que dicha preparación había sido del todo innecesaria. Ella estaba demasiado interesada en todo como para interrumpirnos. Aceptó un vaso de agua cuando se lo ofrecieron, manejó el pesado vaso Baccarat sin que se le cayera y escuchó con atención pero no dijo nada. Solo al final de la reunión le formuló a la agente de William Morris la pregunta que al parecer la tenía absorta:

—Pero ¿cuándo le vais a dar el dinero?

¿Acaso cuando veíamos sus confusiones nos planteábamos las nuestras?

Todavía tengo su caja de «artículos» en mi armario, tal como ella la rotuló.

18

No conozco a muchas personas que crean haber sido buenos padres. Los que sí lo creen suelen citar toda una serie de criterios que indican estatus (el de ellos) en el mundo: la licenciatura por Stanford, el máster por Harvard, el verano trabajando para el bufete de abogados blanco y conservador. Aquellos que tenemos menos tendencia a elogiar nuestro talento como padres, que somos la mayoría, nos dedicamos a recitar el rosario de nuestros fracasos, nuestras negligencias, nuestras morosidades y desidias. La definición misma de lo que es ser un buen padre ha experimentado una transformación elocuente: antes lo definíamos como la capacidad de estimular al hijo para que creciera hasta alcanzar la vida independiente (o sea, adulta), es decir, «levantar» al hijo, dejarlo ir. Si el hijo o hija quería probar su bicicleta nueva por la colina más empinada del vecindario, era posible que se le recordara de manera puramente formal que la colina más empinada del vecindario descendía hasta una intersección de cuatro calles, pero ese recordatorio no llegaba a molestar, puesto que la independencia todavía se consideraba el fin deseado de la jornada. Si el hijo o hija decidía emprender una actividad con posibilidades de terminar mal, puede que dicha posibilidad negativa se le mencionara una vez, pero no más de una.

Se da el caso de que yo fui niña durante la Segunda Guerra Mundial, lo cual quiere decir que crecí en unas circunstancias en las que se ponía más énfasis de lo habitual en la independencia. Mi padre era director financiero de la Fuerza

Aérea, y yo fui con él primero a Fort Lewis, luego a Tacoma, a la Universidad de Duke en Durham y por fin a la base aérea de Peterson, en Colorado Springs. No fue una infancia de penurias pero tampoco de comodidades, debido a la masificación y la desubicación que caracterizaron la vida en torno a las instalaciones militares americanas durante 1942 y 1943. En Tacoma tuvimos la suficiente suerte como para alquilar lo que se llamaba una casa de huéspedes, que en realidad era una habitación grande con entrada independiente. En Durham volvimos a vivir en una sola habitación, pero esta ni era grande ni tenía entrada independiente, en una casa propiedad de un pastor baptista y su familia. Aquella habitación de Durham venía con «privilegios de cocina», lo cual en la práctica significaba que de vez en cuando podíamos usar la manteca de manzana de la familia. En Colorado Springs vivimos por primera vez en una casa de verdad, un bungalow de cuatro habitaciones situado cerca de un hospital psiquiátrico, pero no deshicimos las maletas: no tenía sentido deshacerlas, señaló mi madre, porque cualquier día podían llegar «órdenes», un concepto misterioso que yo aceptaba por pura fe.

En todos aquellos lugares se esperaba que mi hermano y yo nos adaptáramos, que saliéramos adelante, que nos inventáramos los dos una vida y al mismo tiempo que aceptáramos que cualquier vida que nos inventáramos podría ser sumariamente desmantelada por la llegada de «órdenes». Nunca me quedó claro quién daba aquellas órdenes. En Colorado Springs, donde mi padre se pasó más tiempo destinado del que se había pasado en Tacoma o Durham, mi hermano inspeccionó el vecindario e hizo amistades. Yo deambulaba por los terrenos del hospital psiquiátrico, registraba los diálogos que había oído a hurtadillas y escribía «relatos». Por entonces aquella no me parecía una alternativa tan mala a quedarme en Sacramento e ir a la escuela (más tarde se me ocurrió que si me hubiera quedado en Sacramento y hubiera ido a la escuela tal vez habría aprendido a restar, un talento que sigo sin dominar), pero aunque me lo hubiera parecido habría dado igual. Se estaba librando una guerra. Aquella guerra no giraba ni se articulaba para nada en torno a los deseos de los niños. A cambio de tolerar aquellas verdades incómodas, a los niños se les permitía inventar sus propias vidas. La idea de que se los podía dejar a su aire, de que de hecho era mejor hacerlo, no se cuestionaba.

En cuanto se terminó la guerra y volvimos a nuestra casa de Sacramento, la estrategia de *laissez-faire* simplemente se prolongó. Me acuerdo de que me saqué el carnet de conducir a los quince años y medio y de que lo interpreté como un mandamiento lógico para coger el coche después de la cena y conducir las dos o tres horas que había de Sacramento al lago Tahoe, dos o tres horas por una de aquellas carreteras con curvas de ciento ochenta grados que se adentraban en las montañas, seguidas, si uno se limitaba a dar media vuelta y seguir conduciendo que fue lo único que hicimos, puesto que ya teníamos todo lo que queríamos beber en el coche con nosotros–, de dos o tres horas más de vuelta. Ni mi madre ni mi padre hicieron comentario alguno sobre aquella desaparición en pleno corazón de la Sierra Nevada durante lo que acabó siendo una noche entera de conducción bajo los efectos del alcohol. Me acuerdo de otra ocasión, en Sacramento, más o menos a la misma edad, en la que la corriente me arrastró hasta una rampa de desvío mientras hacía rafting por el río American, para acto seguido remontar la corriente con la balsa a rastras y repetir la jugada. Tampoco recibí comentario alguno por ello.

De todo aquello no queda nada.

Hoy día resulta prácticamente inimaginable.

En el programa de «crianza» actual no hay lugar para tolerar unos pasatiempos tan inseguros.

En cambio, los mismos que nos beneficiamos de aquella clase de abandono benigno, ahora medimos el ser buen padre como el grado en que conseguimos mantener a nuestros hijos vigilados, atados y encadenados a nosotros. Cuando era presidenta de la Barnard, a Judith Shapiro le pidieron que escribiera un artículo para la primera página de opinión del

New York Times recomendando a los padres que mostraran un poco más de confianza en sus hijos, que dejaran de intentar controlar hasta el último aspecto de su vida universitaria. Mencionó al padre que se había tomado un año sabático para supervisar la preparación de las solicitudes de ingreso en universidades de su hija. Mencionó a la madre que había acompañado a su hija a una reunión con su asesor académico para discutir un proyecto de investigación. Mencionó a la madre que, basándose en que era ella la que pagaba la matrícula, había exigido que el expediente académico de su hija se lo mandaran directamente a ella.

«Si pagas 35.000 dólares al año, quieres servicios», le dijo a Tamar Lewin del *New York Times* el director de la «oficina de padres» de la Northeastern de Boston, y es que las oficinas de atención a los padres de alumnos se habían convertido en elementos prácticamente ubicuos de la administración de los campus. A fin de escribir hace unos años un artículo para el *Times* sobre el acortamiento de la brecha generacional en los campus, la señorita Lewin habló no solo con quienes se ocupaban de atender a los padres, sino también con los alumnos, una de las cuales, en la Universidad George Washington, admitió que usaba más de tres mil minutos mensuales de su teléfono móvil para hablar con su familia. Al parecer consideraba a su familia como un recurso académico a su alcance. «Puedo llamar a mi padre y preguntarle: "¿Qué está pasando con los kurdos?". Es mucho más fácil que buscarlo. Mi padre sabe muchas cosas. Yo confiaría casi en cualquier cosa que él me dijera.» Al preguntarle si en alguna ocasión se le había ocurrido que tal vez estuviera demasiado apegada a sus padres, otra alumna de la George Washington se mostró perpleja. «Es que son nuestros padres —dijo—. Se supone que nos tienen que ayudar. Es casi su trabajo.»

Justificamos cada vez más esa relación tan estrecha con nuestros hijos como algo esencial para su supervivencia. Los tenemos en marcación rápida. Los vemos por Skype. Rastreamos sus movimientos. Esperamos que nos contesten todas las llamadas y que nos informen de todos sus cambios de planes. Fantaseamos con peligros nuevos y sin precedentes en cada uno de sus encuentros no supervisados. Mencionamos el terrorismo y les transmitimos amonestaciones ansiosas: «Ahora todo es distinto». «Las cosas ya no son como antes.» «No les podemos dejar hacer lo que hacíamos nosotros.»

Y, sin embargo, siempre han existido peligros para los niños.

Pregúntenle a cualquiera que fuera niño durante aquella década supuestamente idílica que por entonces se nos anunció como la recompensa a la Segunda Guerra Mundial. Coches nuevos. Electrodomésticos nuevos. Mujeres con zapatos de salón de tacón alto y delantales con volantes que sacaban bandejas de galletas de hornos esmaltados en aquellos colores «rurales» de la posguerra: aguacate, dorado, mostaza, marrón y naranja tostado. Era lo más resguardado que se podía pedir, pero en realidad no lo era: pregúntenle a cualquier niño que durante aquella fantasía rural de posguerra se viera expuesto a las fotografías de Hiroshima y Nagasaki, pregúntenle a cualquier niño que viera las fotografías de los campos de exterminio.

—De esto *me tengo que enterar.*

Eso me dijo Quintana una noche en que me la encontré escondida debajo de las sábanas de su cama de Malibú, linterna en mano, examinando un libro de fotografías antiguas de *Life* que había encontrado en alguna parte.

En las ventanas de su dormitorio de Malibú había cortinas de tela de algodón a cuadros azules y blancos.

Me acuerdo de que las cortinas ondeaban mientras ella me enseñaba el libro.

Me estaba mostrando las fotografías de los hornos de Buchenwald que Margaret Bourke-White había hecho para *Life*.

Era de eso de lo que ella *se tenía que enterar.*

O pregúntenle a la niña que se resistió a quedarse dormida durante la mayor parte de 1946 por miedo a lo que le había pasado a la niña de seis años Suzanne Degnan, que el 7 de enero de aquel mismo año había sido secuestrada en su cama de Chicago, diseccionada en un fregadero y arrojada en pedazos a las cloacas del extremo norte de la ciudad. Seis meses después de la desaparición de Suzanne Degnan se detuvo a un alumno de segundo curso de diecisiete años de la Universidad de Chicago y se lo condenó a cadena perpetua.

O pregúntenle a la niña que nueve años más tarde siguió la búsqueda en California de la chica de catorce años Stephanie Bryan, desaparecida mientras volvía a casa de su escuela de primer ciclo de secundaria en Berkeley, cruzando el aparcamiento del hotel Claremont, el atajo que tenía costumbre de tomar; Stephanie ya no fue vista hasta que la encontraron a varios cientos de millas de Berkeley, enterrada a poca profundidad en las montañas del extremo norte de California. Cinco meses después de su desaparición, un alumno de contabilidad de veintisiete años de la Universidad de California fue detenido, acusado de su muerte, encarcelado y dos años más tarde ejecutado en la cámara de gas de San Quintín.

Como los acontecimientos que rodearon a las desapariciones y las muertes de Suzanne Degnan y Stephanie Bryan tuvieron lugar en áreas de circulación abastecidas por periódicos agresivos de Hearst, los dos casos fueron cubiertos de forma extensa y escabrosa. La lección que transmitía la cobertura estaba clara: la infancia es peligrosa por definición. Ser niño es ser pequeño, débil, falto de experiencia, la base misma de la cadena alimentaria. Todo niño lo sabe, o por lo menos lo sabía.

Saberlo era la razón de que los niños llamaran a Camarillo.

Saberlo era la razón de que los niños llamaran a la Twentieth Century-Fox.

«Este caso me ha perseguido toda mi vida, porque yo era un adulto de ocho años cuando sucedió y me dediqué a seguirlo todos los días en el *Oakland Tribune* del primer día al último.» Son las palabras de un comentarista de internet en respuesta a un artículo reciente que recordaba el caso de

Stephanie Bryan. «Tenía que leer sobre el caso cuando no estaban mis padres, porque ellos creían que a mi edad no estaba andar leyendo cosas sobre un homicidio.»

De adultos perdemos el recuerdo de la gravedad y los terrores de la infancia.

Hola, Quintana. Te voy a encerrar aquí en el garaje.

En cuanto cumplí cinco años dejé de soñar con él.

De esto me tengo que enterar.

Uno de sus miedos más pertinaces, me enteré mucho más tarde, era que se muriera John y no quedara nadie más que ella para cuidar de mí.

¿Cómo se podría haber imaginado que yo no iba a cuidar de ella?

Eso me preguntaba yo antes.

En cambio, ahora me pregunto lo contrario.

¿Cómo se imaginaba que yo iba a poder cuidar de ella?

Ella me veía como alguien que necesitaba ser cuidada.

Ella me veía como alguien frágil.

¿Se debía a la ansiedad de Quintana o a la mía?

Yo me enteré de aquel miedo cuando a ella le quitaron temporalmente el respirador artificial en una de las UCI, no me acuerdo de cuál.

Ya lo he dicho antes: eran todas iguales.

Las cortinas estampadas azules y blancas. El borboteo por los tubos de plástico. El goteo del suero intravenoso, las respiraciones enfermas y las alarmas.

Los códigos. El carrito de las medicinas.

Esto no le debería estar pasando a ella.

Debió de ser la UCI del UCLA.

Solamente en el UCLA le quitaron el respirador artificial durante el tiempo suficiente como para tener aquella conversación.

Te quedan tus maravillosos recuerdos.

Es cierto, pero se desdibujan.

Se funden entre ellos.

Se vuelven «todo borroso», tal como dijo Quintana un mes aproximadamente más tarde para describir el único recuerdo que pudo evocar de las cinco semanas que se había pasado en la UCI del UCLA.

Yo intenté decirle: A mí también me cuesta acordarme.

Los idiomas se mezclan: ¿necesito un *abogado* o necesito un *avocat*?

Los nombres se esfuman. Por ejemplo, los nombres de los condados de California, antaño tan familiares para mí que hasta los podía recitar en orden alfabético (Alameda, Alpine, y Amador, Calaveras, Colusa y Contra Costa, Madera, Marin y Mariposa), ya se escapan a mi recuerdo.

Sí que me acuerdo del nombre de un condado.

Del nombre de un condado me acuerdo siempre.

Yo también tuve mi Hombre Roto.

Yo también tuve mis historias de las que me tenía que enterar.

Trinity.

El condado en el que habían encontrado a Stephanie Bryan enterrada a poca profundidad se llamaba Trinity.

El escenario de ensayos nucleares en Alamogordo que había llevado a las fotografías de Hiroshima y Nagasaki también se llamaba Trinity.

19

«Lo que hace falta aquí es montaje, añadir música. *Cómo ella*: hablaba con su padre y con xxxx y con xxxxx…

—xx —dijo él.

—xxx —dijo ella.

Cómo ella:

Cómo ella hizo tal cosa y *por qué* la hizo y *qué música sonaba* cuando hicieron x y x y xxx…

Cómo él, y también ella…»

Lo de más arriba son notas que tomé en 1995 para una novela que publiqué en 1996, *The Last Thing He Wanted*. Las ofrezco aquí para mostrar lo cómoda que solía estar yo cuando escribía, la facilidad con que me salía, lo poco que pensaba lo que estaba diciendo hasta que ya lo había dicho. De hecho, en todos los sentidos, lo que yo hacía por entonces no era escribir en absoluto: no estaba haciendo más que esbozar cierto ritmo y dejar que ese ritmo me dictara lo que yo decía. Muchas de las marcas que iba poniendo por la página no eran más que «xxx» o «xxxx», símbolos que querían decir «texto pte.» o «texto pendiente», pero fíjense en una cosa: aquellos símbolos estaban agrupados de formas específicas. Una sola «x» no era lo mismo que una «xx» doble, ni tampoco «xxx» era lo mismo que «xxxx». La cantidad de aquellos símbolos tenía significado. La disposición era el significado.

El mismo pasaje, una vez reescrito, o para hablar con propiedad, «escrito», se volvía más detallado. «Lo que hace falta aquí es
montaje, añadir música. *Plano de Elena.* Sola en el muelle donde
su padre tiene atracada la *Kitty Rex.* Suelta una astilla de los tablones del suelo con la punta de la sandalia. Se quita el pañuelo
y se sacude el pelo, mojado por el aire cargado y dulzón del sur
de Florida. *Corte a Barry Sedlow.* Plantado en la puerta de la caba-
ña, debajo del letrero que dice «ALQUILER DE VEHÍCULOS, GA-
SOLINA, CEBOS, CERVEZA, MUNICIÓN». Apoyado en el mostra-
dor. Mira a Elena a través de la puerta mosquitera mientras espera su cambio. *Plano del encargado del local.* Introduce un billete de
mil dólares por debajo del cajón de la caja registradora, vuelve a
meter el cajón y cuenta los billetes de cien. Un billete de cien
siempre se puede colar. En medio del aire dulzón y cargado del
sur de Florida. Con La Habana tan cerca que casi se pueden ver
los Impala de dos colores del Malecón. Joder, anda que no nos
lo pasamos bien allí.»

Más detallado, sí.

Ahora «ella» tiene nombre: Elena.

Y «él» tiene nombre: Barry Sedlow.

Pero una vez más, fíjense: todo estaba ya en las notas ori-
ginales. Todo estaba ya en los símbolos, en las marcas sobre la
página. Todo estaba ya en las «xxx» y en las «xxxx».

Yo suponía que aquel proceso era como escribir música.

No tengo ni la menor idea de si era una comparación vá-
lida, puesto que jamás he leído ni he escrito música. Lo único
que sé es que ya no escribo así. Lo único que sé ahora es que
la escritura, o lo que fuera que yo estaba haciendo cuando era
capaz de apañarme simplemente con las «xxx» y las «xxxx», lo
que fuera que yo estaba haciendo cuando me imaginaba a mí
misma oyendo la música, ya no me sale con facilidad. Durante
una temporada lo atribuí a estar algo fatigada de mi estilo, a
cierta impaciencia, al deseo de ser más directa. De manera que
promoví aquella misma dificultad que me suponía colocar las
palabras sobre la página. La consideré la prueba de una nueva
forma de escribir más directa. Ahora la veo de otra forma.

Ahora la veo como fragilidad. Ahora la veo como aquella misma fragilidad que Quintana temía.

Nos estamos adentrando en otro verano.

Y me encuentro cada vez más enfrascada en esta cuestión de la fragilidad.

Tengo miedo a caerme por la calle. Me imagino a mensajeros en bicicleta que me tiran al suelo. Cada vez que se acerca un chaval montado en ciclomotor me quedo paralizada en medio del cruce y me hago la muerta. Ya no voy a desayunar al Three Guys de Madison Avenue: ¿y si me caigo por el camino?

Me siento inestable, carente de equilibrio, como si los nervios me fallaran, lo cual podría o no ser una descripción exacta de lo que mis nervios están haciendo en realidad.

Cuando mis conocidos me preguntan cómo estoy ahora oigo una inflexión nueva en sus voces, una inflexión que antes no oía y que cada vez me resulta más angustiante, casi humillante: esos conocidos parecen preguntarlo con impaciencia, medio preocupados y medio irritados, como si ya no les interesara la respuesta.

Como si todos supieran perfectamente que la respuesta va a ser una queja.

Tomo la determinación de que, si me preguntan cómo estoy, solo voy a decir cosas positivas.

Elaboro la respuesta jovial.

Pero lo que creía que era la respuesta jovial mientras la elaboraba emerge, cuando la oigo, más como una queja.

«No lloriquees —me apunto en una tarjeta—. No te quejes. Esfuérzate más. Pasa más tiempo a solas.»

Y sujeto la tarjeta con una chincheta al tablón de corcho en donde reúno mis notas.

«Bajo las ruedas de un tren, a nueve días de nuestra boda», dice una de las notas del tablón. «Salió por la mañana de casa y por la tarde murió en un accidente de avioneta», dice otra.

«Era el 2 de enero de 1931 —dice una tercera—. Di un pequeño golpe de Estado. Mi hermano se convirtió en presidente. Él era más maduro. Yo me fui a Europa.»

Estas notas que sujeto con chinchetas al tablón de corcho tienen como meta restaurar mi capacidad de funcionar, pero de momento no han cumplido con ese objetivo. Vuelvo a examinarlas. ¿*Quién* es esa mujer que acabó bajo las ruedas de un tren nueve días antes de casarse? ¿O fue *él* quien acabó bajo las ruedas del tren? ¿*Quién* salió por la mañana de casa y por la tarde murió en un accidente de avioneta? Y sobre todo, ¿*quién* dio el pequeño golpe de Estado el 2 de enero de 1931? ¿Y en qué país?

Abandono todo intento de responder esas preguntas.

Suena el teléfono.

Agradeciendo la interrupción, contesto. Oigo la voz de mi sobrino Griffin. Mi sobrino siente la necesidad de informarme de que ha estado recibiendo llamadas de «amistades preocupadas». El objeto de dicha preocupación es mi salud, y más concretamente mi peso. Ya no me siento agradecida. Le señalo que llevo pesando lo mismo desde principios de los años setenta, cuando cogí una fiebre paratifoidea durante un festival de cine en la costa del Caribe colombiano y llegué a casa habiendo perdido tanto peso que mi madre tuvo que ir en avión a Malibú para alimentarme. Griffin dice que él es consciente de eso. Que sabe que mi peso no se ha alterado desde que a él le alcanza la memoria. Solo me está informando de lo que le han mencionado esas «amistades preocupadas».

Griffin y yo nos entendemos, lo cual quiere decir en este caso que somos capaces de cambiar de tema. Yo me planteo preguntarle si sabe quién fue el que llevó a cabo el pequeño golpe de Estado el 2 de enero de 1931, y en qué país, pero no lo hago. Como no tenemos más tema de conversación, le hablo de un taxista al que conocí hace poco, en el trayecto desde el hotel Four Seasons de San Francisco al aeropuerto de esa ciudad. Aquel taxista me contó que había trabajado como analista de perforaciones en la zona de Houston hasta que el boom del petróleo se fue al traste. Su padre había sido supervisor de obras, me contó, lo cual quería decir que él había crecido en las zonas de obras de los enormes embalses de montaña y las centrales eléctricas de la posguerra. Mencionó Glen Canyon, en el río Colorado. Mencionó Rancho Seco, en las afueras de Sacramento. Cuando se enteró de que yo era escritora, me comentó que él también quería escribir un libro sobre «las relaciones entre Estados Unidos y Japón». Le había presentado la propuesta de aquel libro a Simon & Schuster, pero ahora estaba convencido de que Simon & Schuster le había pasado la propuesta a otro escritor.

—A un tío que se llama Michael Crichton —me dijo—. No estoy diciendo que me lo hayan robado, solo que han usado mis ideas. Pero en fin, las ideas son gratis.

Cuando estamos llegando a San Bruno empieza a mencionar la cienciología.

Únicamente les cuento esta historia verdadera para demostrarles que puedo.

Que mi fragilidad todavía no ha alcanzado el punto en que ya no puedo contar una historia verdadera.

Pasan las semanas y después los meses.

Voy a un local de ensayo situado en la calle Cuarenta y dos Oeste para ver cómo los actores repasan una obra, una nueva producción de un musical de Broadway para la que dos amigos íntimos míos escribieron los textos en los años setenta.

Me siento en una silla plegable de metal. Detrás de mí oigo unas voces que reconozco (los dos amigos íntimos y su colaborador, el que escribió el libro), pero me siento demasiado confundida para darme la vuelta. Las canciones, algunas de ellas familiares y otras nuevas, continúan sonando. Las repeticiones se suceden. Sentada en la silla plegable de metal, empiezo a tener miedo de levantarme. A medida que se aproxima el final, me entra un pánico absoluto. ¿Y si ya no puedo mover los pies?

¿Y si los músculos se me traban? ¿Y si esta neuritis o neuropatía o inflamación neurológica ha degenerado en una enfermedad más maligna? Antes de cumplir los treinta me hicieron un diagnóstico por exclusión de esclerosis múltiple, que más tarde el neurólogo que me la había diagnosticado opinó que estaba remitiendo, pero ¿y si ahora ha dejado de remitir? ¿Y si jamás remitió? ¿Y si ha regresado? ¿Y si ahora me levanto de esta silla plegable en esta sala de ensayos de la calle Cuarenta y dos Oeste y me desplomo, me caigo al suelo, y la silla de metal plegable se desploma conmigo?

¿Y si…?

(Se me ocurre otra serie de posibilidades atroces, todavía más alarmante que la anterior…)

¿Y si los daños se extienden más allá de lo físico?

¿Y si el problema ahora es cognitivo?

¿Y si aquella ausencia de estilo que en un momento dado celebré, aquella forma más directa que promoví y hasta cultivé, y si aquella ausencia de estilo ahora ha cobrado una vida propia y perniciosa?

¿Y si mi nueva incapacidad para encontrar la palabra precisa, el pensamiento adecuado, la conexión que permite que las palabras cobren sentido, el ritmo, la música misma…?

¿Y si esa nueva incapacidad es sistémica?

¿Y si ya jamás puedo encontrar las palabras que funcionen?

20

Visito a un neurólogo nuevo en el Columbia Presbyterian.

El neurólogo nuevo tiene respuestas: todos los neurólogos nuevos tienen respuestas, normalmente ilusorias. Los neurólogos nuevos son las últimas personas que quedan en el mundo que creen realmente en el poder de las ilusiones. Y las respuestas que me ofrece este neurólogo nuevo en concreto son que gane peso y dedique un mínimo de tres horas semanales a hacer fisioterapia.

No es la primera vez que me presentan ese catecismo.

Se da el caso de que fui una niña llamativamente menuda. Y digo llamativamente por una razón: había algo en mi tamaño que me garantizaba sin lugar a error que algún desconocido me iba a hacer algún comentario al respecto. «No es usted muy corpulenta», recuerdo que me dijo un médico francés cuando fui a verlo en París para que me recetara un antibiótico. Y no es que no fuera cierto, pero yo me acabé cansando de oírlo. Me cansé particularmente de oírlo cuando me lo presentaban como un dato que de otra manera me habría pasado por alto. Yo era bajita, era delgada, me podía rodear las muñecas con el índice y el pulgar. Mis recuerdos más tempranos son de mi madre pidiéndome que ganara peso, como si el no hacerlo fuera algo deliberado por mi parte, un acto de rebeldía. No me permitían levantarme de la mesa hasta que me hubiera comido todo lo que tenía en el plato, una norma que casi siempre llevaba a formas nuevas y creativas de no comerme nada de lo que tenía en el plato. Se mencionaba a menudo el «club del plato limpio». Se elogiaba a los que «comían bien». «No es un cubo de basura humano», recuerdo que decía mi padre, estallando en mi defensa. Ya de adulta, me pareció que aquel enfoque del tema de la comida más o menos garantizaba la aparición de un desorden alimentario, pero jamás le mencioné esta teoría a mi madre.

Ni tampoco se la menciono al neurólogo nuevo.

En realidad, el neurólogo nuevo me ofrece, además de lo de ganar peso y hacer fisioterapia, una tercera respuesta, aunque igualmente ilusoria: pese al diagnóstico por exclusión que me hicieron antes de cumplir los treinta, yo no tengo esclerosis múltiple. Esto me lo dice con vehemencia. No hay razón alguna para creer que tengo esclerosis múltiple. La resonancia magnética, una técnica que todavía no estaba disponible antes de que yo cumpliera los treinta, demuestra de forma concluyente que no tengo esclerosis múltiple.

En ese caso, le pregunto, intentando aparentar cierta fe en lo que él decida contestarme, ¿qué es lo que tengo?

Tengo neuritis, una neuropatía, una inflamación neurológica.

Me ahorro el encogimiento de hombros.

Le pregunto qué ha causado esa neuritis, esa neuropatía, esa inflamación neurológica.

No pesar lo suficiente, me contesta él.

No me pasa por alto el hecho de que el consenso sobre mi problema ha vuelto a poner sutilmente la pelota en mi terreno.

Para el tema de ganar peso, me deriva a un dietista.

El dietista me hace (los inevitables) batidos de proteínas, me trae huevos frescos (mejor) de una granja de Nueva Jersey y un helado de vainilla insuperable (mejor todavía) de la Maison du Chocolat de Madison Avenue.

Yo me bebo los batidos de proteínas.

Me como los huevos frescos de la granja de Nueva Jersey y el helado de vainilla insuperable de la Maison du Chocolat de Madison Avenue.

Pero da igual.

No gano peso.

Tengo la incómoda sensación de que la solución de consenso ya ha fracasado.

Por otro lado, me encuentro, no sin sorpresa, con que me gusta realmente la fisioterapia. Asisto con regularidad a unas instalaciones de terapia física que tiene el Columbia Presbyterian en la calle Sesenta con Madison. Me impresionan la fuerza y el tono físico de los demás pacientes que asisten a la misma hora. Examino su equilibrio, su competencia con los diversos aparatos que les recomienda el terapeuta. Cuanto más miro, más animada me siento: Esto funciona realmente, me digo a mí misma. La idea me llena de jovialidad, de optimismo. Me pregunto cuántas horas más me costará alcanzar ese control aparentemente natural que los demás pacientes ya han alcanzado. Tengo que llegar hasta mi tercera semana de fisioterapia para descubrir que esos compañeros de terapia son de hecho los Yankees de Nueva York, que vienen a relajarse entre partidos.

Mientras vuelvo a casa de las instalaciones de terapia física que tiene el Columbia Presbyterian en la calle Sesenta con Madison, siento desvanecerse el optimismo que generó en mí la proximidad física con los Yankees de Nueva York. De hecho, mi confianza física parece estar alcanzando un nuevo punto bajo. Mi confianza cognitiva parece haberse esfumado por completo. Ahora ni siquiera encuentro la actitud correcta para contarles esto a ustedes, la forma adecuada de describir lo que me está pasando, la actitud, el tono, las palabras mismas.

El tono tiene que ser directo.

Necesito hablar directamente con ustedes, necesito *poner las cartas sobre la mesa, por así decirlo*, pero algo me lo impide.

¿Acaso esto es otro tipo de neuropatía, una fragilidad nueva, acaso ya no soy capaz de hablar de forma directa?

¿Acaso alguna vez lo fui?

¿O tal vez perdí esa capacidad?

¿O tal vez pasa que estas cartas en concreto no las quiero poner sobre la mesa?

Cuando les cuento que me da miedo levantarme de una silla plegable en un local de ensayos de la calle Cuarenta y dos Oeste, ¿qué es en realidad lo que me da miedo?

¿Y si no hubieras contestado el teléfono cuando llamó el señor Watson?

¿Y si no te hubieras podido reunir con él en el hospital?

¿Y si hubiera habido un accidente en la autopista?

¿Qué habría pasado conmigo entonces?

Tengo entendido que todos los hijos adoptados temen que sus padres adoptivos los vayan a abandonar igual que los abandonaron sus padres naturales. Por culpa de las circunstancias extraordinarias en que fueron introducidos en la estructura familiar, están programados para ver el abandono como su rol, su destino, el futuro que les aguarda a menos que ellos lo puedan dejar atrás.

Quintana.

No hace falta que nadie me cuente que todos los padres adoptivos tienen miedo de no merecer los hijos que les han dado en adopción, y de que alguien les arrebate a esos hijos.

Quintana.

Quintana es uno de los temas sobre los que tengo dificultades para hablar de forma directa.

Ya he dicho desde el principio que no es fácil llevar bien la adopción, pero no les he contado por qué.

«Imagino que no le irás a decir que es adoptada —me dijo mucha gente en la época en que ella nació, la mayoría gente de la edad de mis padres, una generación, igual que la de los padres de Diana, para la que la adopción era algo vagamente vergonzoso, un secreto que había que guardar a cualquier precio–. No se lo puedes decir.»

Por supuesto que se lo podíamos decir.

De hecho, ya se lo habíamos dicho. *L'adoptada, m'ija.* Jamás nos planteamos no decírselo. ¿Qué alternativa había? ¿Mentirle? ¿Pedirle a su agente que se la llevara a almorzar al hotel Beverly Hills? No pasaron demasiados años antes de que yo escribiera sobre su adopción, John escribiera sobre su adopción y la misma Quintana aceptara ser una de las personas entrevistadas para un libro del fotógrafo Jill Krementz titulado *La experiencia de ser adoptado.* Durante aquellos años recibimos comunicaciones periódicas de mujeres que habían visto aquellas menciones a su adopción y creían que Quintana era la hija que ellas habían perdido, mujeres que habían dado criaturas en adopción y a quienes ahora atormentaba la posibilidad de que aquella niña sobre la que habían leído pudiera ser su hija perdida.

Aquella niña preciosa, aquella niña perfecta.

Qué hermosa, qué chula.

Respondimos a todas aquellas comunicaciones, entablamos correspondencia, les explicamos que los datos no coincidían, que las fechas no concordaban, que la niña perfecta no podía ser de ellas.

Consideramos que habíamos cumplido nuestro rol y que el caso quedaba cerrado.

Pero no.

El cuento recomendado de la elección no terminaba, a diferencia de lo que yo había imaginado (había confiado, había soñado), con la criatura perfecta colocada entre ambos sobre la mesa del almuerzo del Bistro (el banco del rincón de Sidney Korshak, el vestidito de organdí azul y blanco) aquel día caluroso de septiembre de 1966 en que la adopción se formalizó.

Treinta y dos años más tarde, en 1998, un sábado por la mañana en que ella estaba a solas en su apartamento, vulnerable a cualquier noticia buena o mala que llegara a su puerta, la criatura perfecta recibió por Federal Express una carta de una joven que se identificó de forma convincente como su hermana, su hermana de sangre, una de las dos criaturas más jóvenes que nacieron más tarde, aunque esta era la primera noticia que nos llegaba a nosotros, del padre y la madre natural de Quintana. En el momento de nacer Quintana, sus padres naturales no estaban casados. En algún momento posterior se casaron y tuvieron dos hijos más, el hermano y la hermana de sangre de Quintana, antes de divorciarse. De acuerdo con la carta de la joven que se identificó como hermana de Quintana, en la actualidad vivía con su madre en Dallas. El hermano, con quien la madre no tenía trato, vivía en otra ciudad de Texas. El padre, que se había vuelto a casar y había tenido otro hijo, vivía en Florida. La hermana, que solo hacía unas semanas que se había enterado por su madre de la existencia de Quintana, había decidido de inmediato localizarla, en contra del instinto inicial de la madre.

Había recurrido a internet.

En internet había encontrado a un detective privado que le había dicho que podía localizar a Quintana por doscientos dólares.

El número de teléfono de Quintana no salía en la guía telefónica.

Los doscientos dólares eran para poder acceder a su cuenta de Con Ed.

La hermana había aceptado el trato.

El detective solo había tardado diez minutos en llamar de vuelta a la hermana con la dirección de un apartamento de Nueva York.

Sutton Place South 14. Apartamento 11D.

La hermana había escrito la carta.

Y la había mandado por Federal Express al apartamento 11D del 14 de Sutton Place South.

«Entrega en sábado —nos dijo Quintana al mostrarnos la carta, todavía dentro de su sobre de Federal Express—. La carta

de FedEx me ha llegado con la opción de "Entrega en sábado".» Recuerdo que ella repitió aquellas palabras, poniendo
énfasis en ellas, «Entrega en sábado, la carta de FedEx me ha
llegado con la opción de "Entrega en sábado"», como si con-
centrarse en aquel detalle pudiera volver a recomponer su
mundo.

23

No puedo expresar con facilidad lo que pensé de aquello.

Por un lado, me dije a mí misma, no nos venía de sorpresa en absoluto. Nos habíamos pasado treinta y dos años siendo conscientes de que existía aquella posibilidad. Durante muchos de aquellos años, la posibilidad nos había parecido incluso probable. Por culpa de un error burocrático de la trabajadora social, a la madre de Quintana no solo le habían dado nuestros nombres y el de Quintana, sino también el nombre con el que yo firmaba mis libros. La vida que llevábamos no era del todo privada. Dábamos charlas, asistíamos a eventos y nos fotografiaban. No era difícil dar con nosotros. Ya nos habíamos imaginado cómo sucedería. Recibiríamos una carta. Una llamada telefónica. La persona que llamara nos diría tal y cual. Aquel de nosotros que cogiera el teléfono diría esto y lo otro y lo de más allá. Y nos conoceríamos.

Sería algo lógico.

Cuando sucediera, resultaría comprensible.

En un escenario hipotético alternativo, era la propia Quintana quien decidía emprender la búsqueda e iniciar el contacto. Si ella deseaba hacerlo, el proceso sería simple. Por culpa de otro error burocrático, nos había llegado a nosotros una factura del Saint John's Hospital de Santa Mónica con el nombre de la madre sin suprimir. Yo solo había visto una vez aquel nombre, pero se me había quedado grabado en la memoria. Me había parecido un nombre hermoso.

De todo esto ya habíamos hablado con nuestro abogado. Le habíamos autorizado para que, si Quintana se lo pedía, él le suministrara toda la ayuda que ella quisiera o necesitara.

También esto sería lógico.

También todo esto, cuando sucediera, resultaría comprensible.

Por otro lado, me dije a mí misma, parecía que llegaba demasiado tarde, que el momento no era el apropiado.

Llega un punto, me dije a mí misma, en el que una familia, para bien o para mal, ya está cerrada.

Sí. Ya se lo he dicho a ustedes. *Por supuesto* que yo me había planteado esa posibilidad.

Pero aceptarla era otra cosa muy distinta.

En otro orden de cosas, ya he mencionado que hace años nos la habíamos llevado con nosotros a Tucson mientras se rodaba *El juez de la horca*.

Ya he mencionado el Hilton Inn y a la niñera y también a Dick Moore y a Paul Newman, y sin embargo hay una parte de aquel viaje que no he contado.

Sucedió durante nuestra primera noche en Tucson.

La habíamos dejado con la niñera. Habíamos visto el material rodado de la jornada. Nos habíamos juntado para cenar en el restaurante del Hilton Inn. Y en mitad de la cena —con demasiada gente sentada a la mesa y demasiado ruido, en medio de una cena de trabajo cualquiera de un rodaje en una localización cualquiera—, caí en la cuenta: aquella no era, para mí, una localización cualquiera.

Estábamos en Tucson.

No nos habían dicho gran cosa de su familia biológica, pero una cosa sí que nos habían dicho: que su madre era de Tucson. Su madre era de Tucson y yo sabía cómo se llamaba.

Jamás me planteé no hacer lo que hice a continuación.

Me levanté de la mesa de la cena y encontré un teléfono público que tenía un listín de Tucson.

Busqué el nombre.

Le enseñé el nombre a John.

Sin necesidad de hablarlo, volvimos a la atestada mesa y le dijimos al productor de *El juez de la horca* que necesitábamos hablar con él. Se vino con nosotros al vestíbulo. Allí, en un rincón del vestíbulo del Hilton Inn, nos pasamos tres o cuatro minutos hablando con él. Era absolutamente necesario, le dijimos, que nadie se enterara de que estábamos en Tucson. Y era especialmente imperativo, le dijimos, que nadie se enterara de que Quintana estaba en Tucson. No quería coger un periódico y encontrarme un simpático artículo sobre la presencia de niños en el rodaje de *El juez de la horca*. Le pedí que avisara a los encargados de publicidad de la unidad de rodaje. Hice hincapié en que bajo ningún concepto apareciera el nombre de Quintana en relación con la película.

No había razón alguna para pensar que fuera a suceder, pero tenía que asegurarme.

Tenía que eliminar aquel riesgo.

Tenía que hacer aquel esfuerzo.

Estaba convencida de que con aquello estaba protegiendo tanto a Quintana como a su madre.

Les cuento esto ahora para sugerirles los embrollados impulsos que pueden ir de la mano con la adopción.

Pocos meses después de que llegara aquella carta por FedEx con «Entrega en sábado», Quintana y su hermana se vieron, primero en Nueva York y después en Dallas. En Nueva York, Quintana le enseñó Chinatown a su hermana. Se la llevó de compras a Pearl River. Se la trajo a cenar con John y conmigo al Da Silvano. Invitó a sus amigos y sus primos a tomar copas en su apartamento para que ellos y su hermana se pudieran conocer. Las dos hermanas parecían gemelas. Cuando Griffin entró en el apartamento de Quintana y vio a la hermana, la saludó sin darse cuenta llamándola «Q». Se prepararon margaritas. Se hizo guacamole. Durante aquel primer fin de semana de encuentro reinó un espíritu de emoción deseada, de camaradería denodada, de descubrimiento firme.

Fue aproximadamente un mes más tarde, en Dallas, cuando el deseo y el denuedo y la firmeza le fallaron.

Cuando nos llamó tras veinticuatro horas en Dallas parecía afligida, al borde del llanto.

En Dallas le habían presentado no solo a su madre, sino también a otros muchos miembros de lo que ahora ella llamaba su «familia biológica», un montón de desconocidos que le habían dado la bienvenida como si ella fuera su hija pródiga.

En Dallas aquellos desconocidos le habían enseñado fotos y le habían comentado lo mucho que se parecía a tal prima o tal tía o tal abuela, al parecer dando por sentado que si ella estaba allí era porque había decidido ser uno de ellos.

Tras su regreso a Nueva York, Quintana empezó a recibir con regularidad llamadas de su madre, cuya resistencia inicial a la idea de una reunión (la primera vez no había sido una reunión, había señalado puntillosamente su madre, puesto que antes no se conocían) pareció dar paso a la necesidad de explicar los acontecimientos que habían llevado a la adopción. Aquellas llamadas llegaban por la mañana, normalmente en el momento en que Quintana estaba a punto de irse a trabajar. Ella no quería interrumpir a su madre, pero tampoco quería llegar tarde a trabajar, sobre todo porque *Elle Décor*, la revista para la que trabajaba por entonces como directora de fotografía, estaba pasando por un reajuste de plantilla y ella temía que su puesto pudiera peligrar. Le contó este conflicto a un psiquiatra. Después de hablarlo con su psiquiatra escribió a su madre y a su hermana para decirles que el hecho de que «la hubieran encontrado» («me han encontrado» se había convertido en su forma fascinantemente equívoca de referirse a lo sucedido) estaba resultando ser «demasiado para ella», «demasiado y demasiado deprisa», que necesitaba «apartarse» y «recobrar el contacto» con la que ella todavía consideraba que era su vida real.

A modo de respuesta recibió una carta de su madre diciendo que no quería ser una carga y que por esa razón había dado de baja su línea de teléfono.

Aquel fue el momento en que quedó claro que ninguna de nosotras iba a escapar de los impulsos embrollados a los que me he referido.

Ni la madre de Quintana, ni su hermana, y ciertamente tampoco yo.

Ni siquiera Quintana.

Quintana, que se refería a la destrucción del mundo que ella había conocido diciendo que «la habían encontrado».

Quintana, que había llamado a Nicolás y Alejandra «Nicky y Sunny» y había visto su historia como «todo un éxito».

Quintana, que se había imaginado al Hombre Roto con un grado asombrosamente convincente de detalle.

Quintana, que me había contado que después de cumplir cinco años ya no volvió a soñar con el Hombre Roto.

Unas semanas después de que su madre diera de baja su línea de teléfono llegó otro mensaje, aunque no de su madre ni tampoco de su hermana.

La carta que le llegó esta vez era de su padre biológico, en Florida.

Durante el tiempo transcurrido desde que ella se enteró de que era adoptada hasta que «la encontraron», un periodo de treinta y tantos años, ella había mencionado muchas veces a su otra madre. «Mi otra mamá», y después «mi otra madre», era como ella la había llamado desde que empezó a hablar. Se había preguntado muchas veces quién era aquella otra madre y dónde estaba. Se había preguntado qué aspecto tendría. Se había planteado la posibilidad de averiguarlo y luego la había descartado. Cuando era pequeña, John le preguntó una vez qué haría en caso de encontrar a su «otra mamá». «Cogería a mamá de un brazo —contestó ella—, y del otro a mi otra mamá, y les diría: "Hola, mamás".»

A su otro padre no lo había mencionado jamás, ni una sola vez.

No tengo ni idea de por qué, pero al parecer el escenario que ella se había imaginado no incluía a un padre.

«Qué viaje tan largo y extraño ha sido este», decía la carta de Florida.

Ella rompió a llorar mientras me la leía.

—Por si todo lo demás fuera poco —me dijo entre lágrimas—, mi padre tiene que ser un fan de Grateful Dead.

Tres años después llegó el último mensaje, este de su hermana.

Su hermana quería comunicarle que su hermano había muerto. La causa de la muerte no quedaba clara. Se mencionó el corazón.

Quintana no había llegado a conocerlo.

No estoy segura de las fechas, pero creo que debió de nacer cuando ella tenía cinco años.

En cuanto cumplí cinco años dejé de soñar con él.

Aquella llamada para comunicarle su muerte fue tal vez la última ocasión en que las hermanas hablaron.

Cuando la muerte le llegó a Quintana, su hermana mandó flores.

24

Hoy me encuentro a mí misma hojeando por primera vez un diario que ella escribió en primavera de 1984, un ejercicio para la clase de lengua y literatura de su último curso en la Westlake School for Girls. «He tenido una revelación emocionante mientras estudiaba un poema de Keats —empieza un volumen del diario, en una página con fecha del 7 de marzo de 1984, la entrada número 117 desde que empezó a escribir su diario en septiembre de 1983—. En el poema "Endimión" hay un verso que parece referir el miedo que le tengo actualmente a la vida: "Adentrarse en la nada".»

La entrada del 7 de marzo de 1984 sigue con un análisis de Jean-Paul Sartre y Martin Heidegger y sus respectivas nociones del abismo, pero yo dejo de seguir el argumento: de forma automática, sin pensarlo, atrozmente, como si ella todavía estuviera asistiendo a la Westlake School y me hubiera pedido que le echara un vistazo a su ejercicio, se lo estoy corrigiendo.

Por ejemplo:

Ponerle comillas dobles al título Endimión.

Referir, en «un verso que parece referir el miedo que le tengo actualmente a la vida», es incorrecto, por supuesto.

«Referirse a» sería mejor.

«Transmitir» sería mejor todavía.

Por otro lado: «referir» podría funcionar: probar «referir» tal como lo usa ella.

Lo pruebo: *Ella «refiere» el miedo que le tiene actualmente a la vida en relación con Heidegger. Ella «refiere» su noción del abismo.*

Ella califica su noción del abismo: «Esta es meramente mi forma de interpretar el abismo. Me podría estar equivocando».

Pasa un tiempo considerable antes de que me dé cuenta de que mi preocupación por las palabras que ella usó me ha impedido cualquier posible asimilación de lo que ella estaba diciendo en aquella entrada del diario de aquel día de marzo de 1984.

¿Acaso es algo deliberado?

¿Acaso me estoy negando a ver lo que ella dice de su miedo a la vida, de la misma forma en que antes me negué a ver lo que ella decía de su miedo al Hombre Roto?

¿Hola, Quintana, te voy a encerrar aquí en el garaje?

¿En cuanto cumplí cinco años dejé de soñar con él?

¿Acaso durante toda su vida tuve puesto un deflector entre nosotras?

¿Acaso prefería no oír lo que ella estaba diciendo?

¿Acaso me asustaba?

Pruebo a leer otra vez el pasaje, esta vez en busca del significado.

Ella dijo: *El miedo que le tengo actualmente a la vida.*

Ella dijo: *Adentrarse en la nada.*

Lo que ella estaba diciendo en realidad: *En el mundo no hay más que mañana y noche. No hay día ni almuerzo. Déjame quedarme en el suelo. Déjame quedarme en el suelo y dormir aquí.* Cuando les cuento a ustedes que me da miedo levantarme de una silla plegable en un local de ensayo de la calle Cuarenta y dos Oeste, ¿es esto lo que estoy diciendo en realidad?

¿Acaso me da miedo?

25

Déjenme que vuelva a intentar hablarles de forma directa.

En mi último cumpleaños, el 5 de diciembre de 2009, cumplí setenta y cinco años.

Fíjense en lo extraño de la construcción: *en mi cumpleaños… cumplí setenta y cinco años.* ¿Oyen ustedes el eco?

Cumplí setenta y cinco años… Cumplí cinco años…

¿En cuanto cumplí cinco años dejé de soñar con él?

Fíjense también –en unas notas que hablan de envejecer en sus primeras páginas, unas notas que se titulan *Noches azules* por algo, unas notas que se titulan *Noches azules* porque en la época en que las empecé prácticamente no podía pensar en nada que no fuera el acercamiento inevitable de unos días más oscuros– en cuánto he tardado en contarles ese dato tan destacado, en cuánto he tardado en *poner las cartas sobre la mesa.* El envejecimiento y sus evidencias constituyen los acontecimientos más previsibles de la vida, y sin embargo siguen siendo asuntos que preferimos dejar sin mencionar, sin explorar: yo he visto cómo se les inundaban los ojos de lágrimas a mujeres crecidas, mujeres amadas, mujeres con talento y éxito, por la simple razón de que alguna criatura pequeña que estaba con ellas, casi siempre un sobrinito o sobrinita al que adoraban, las describía como «arrugadas» o les preguntaba cuántos años tenían. Cuando nos hacen esta pregunta, siempre nos desarma su inocencia y nos avergüenza un poco el tono claro y estridente con que nos la hacen. Lo que nos avergüenza es lo siguiente: que la respuesta que damos nunca es inocente. La respuesta que damos es confusa, elusiva y hasta culpable. Ahora mismo, mientras respondo la pregunta, me encuentro a mí misma dudando de mi propia precisión, comprobando de nuevo la aritmética cada vez más impracticable (nací el 5 de diciembre de 1934, réstenle 1934 a 2009, hagan el cálculo mental y contemplen cómo se lo entorpece la interrupción de ese milenio completamente irrelevante), insistiendo para mí misma (a nadie le interesa particularmente) en que debe de haber algún error: que ayer mismo yo tenía cincuenta y pico, cuarenta y pico, que ayer mismo tenía treinta y un años.

Quintana nació cuando yo tenía treinta y un años.

Fue ayer mismo cuando nació Quintana.

Fue ayer mismo cuando recogí a Quintana de la maternidad del Saint John's Hospital de Santa Mónica y me la llevé a casa.

Envuelta en una mantita de cachemir con bordados de seda.

Papá ha ido a buscar un pellejo de conejo para envolver a su conejita.

¿Y si no hubieras estado en casa cuando llamó el doctor Watson?
¿Qué habría pasado conmigo entonces?

Fue ayer mismo cuando la llevé en brazos por la 405.

Fue ayer mismo cuando le prometí que estaría a salvo en mis brazos.

Por entonces a la 405 la llamábamos la San Diego Freeway.

Fue ayer mismo cuando a la 405 todavía la llamábamos la San Diego, fue ayer mismo cuando a la 10 la llamábamos la Santa Mónica, fue anteayer mismo cuando la Santa Mónica todavía no existía.

Fue ayer mismo cuando todavía sabía hacer cuentas, me acordaba de los números de teléfono, alquilaba un coche en el aeropuerto y lo sacaba del aparcamiento sin quedarme paralizada en el momento crucial, con los pies ya en los pedales pero inmovilizada por la pregunta de cuál era el acelerador y cuál el freno.

Ayer mismo Quintana estaba viva.

Despego los pies de los pedales, primero uno y después el otro.

Me invento una razón para que sea el empleado de la Hertz el que arranque el coche de alquiler.

Tengo setenta y cinco años: esa no es la razón que le doy.

Un médico con el que hablo de vez en cuando me sugiere que no me he adaptado de forma adecuada a la vejez.

Falso, quiero decirle yo.

La realidad es que no me he adaptado de ninguna manera a la vejez.

La realidad es que he vivido toda mi vida sin creerme en serio que yo fuera a envejecer.

Jamás me cupo ninguna duda de que seguiría llevando las sandalias de ante rojo con tacones de diez centímetros que siempre me habían gustado.

Jamás me cupo ninguna duda de que seguiría llevando los pendientes de aro dorados en los que siempre había confiado, los leggins de cachemir negro, las cuentas esmaltadas.

Mi piel desarrollaría imperfecciones, arrugas finas y hasta manchas marrones (a los setenta y cinco años, esta venía a ser una valoración cosmética realista), pero seguiría teniendo el mismo aspecto de siempre, básicamente sano. Mi pelo perdería el color original pero podría ir transformándolo a base de dejar las canas alrededor de la cara y pedirle a Johanna de Bumble and Bumble que me resaltara el resto un par de veces al año. Me daría cuenta de que las modelos con las que me encontraba en mis visitas semestrales a la sala de color de Bumble and Bumble eran bastante más jóvenes que yo, pero como aquellas modelos con las que yo me encontraba en mis visitas semestrales a la sala de color de Bumble and Bumble tenían como mucho dieciséis o diecisiete años, no había razón alguna para interpretar la diferencia de edades como un fracaso personal. La memoria me fallaría, pero a quién no le falla la memoria. La vista me daría más problemas que antes de empezar a ver de pronto nubes de algo que parecía encaje negro pero que en realidad era sangre, el residuo de una serie de desgarros y desprendimientos de retina, pero no cabía duda alguna de que podría ver, leer, escribir y cruzar la calle sin miedo.

Cualquier cosa se podía arreglar.

Lo que fuera.

Yo estaba absolutamente convencida de mi poder para remontar la situación.

«La situación» que fuera.

Cuando mi abuela tenía setenta y cinco años, sufrió una hemorragia cerebral, cayó inconsciente en la acera en las inmediaciones de su casa de Sacramento, fue llevada al hospital Sutter y murió allí aquella misma noche. Esa fue «la situación» de mi abuela. Cuando mi madre tenía setenta y cinco años le diagnosticaron cáncer de mama, pasó por dos ciclos de quimioterapia, no pudo tolerar el tercero ni el cuarto y sin embargo vivió hasta que le quedaban dos semanas para cumplir los noventa y uno (cuando murió, fue de fallo cardíaco congestivo, no de cáncer), pero nunca volvió a ser exactamente la misma. Las cosas se torcieron. Perdió la confianza. Le daban aprensión los grupos grandes de gente. Ya no estaba del todo cómoda en las bodas de sus nietos y la verdad es que ni siquiera en las cenas familiares. Emitía opiniones desconcertantes e incluso hostiles. Cuando me vino a visitar a Nueva York declaró que la iglesia episcopaliana de Saint James, cuya torre y tejado de pizarra eran lo único que se veía desde las ventanas de mi sala de estar, era «la iglesia más fea que he visto en mi vida con diferencia». Cuando, en su propio lado del país y por sugerencia de ella, la llevé a ver las medusas del Acuario de la Bahía de Monterrey, se escapó de vuelta al coche, alegando que el movimiento del agua le daba vértigo.

Ahora me doy cuenta de que se sentía frágil.

Ahora me doy cuenta de que se sentía como me siento yo ahora.

Invisible en medio de la calle.

Víctima potencial de cualquier vehículo con ruedas que pase.

Perdiendo el equilibrio en el momento de bajarme de la acera, de sentarme o ponerme de pie, de abrir o cerrar la portezuela de un taxi.

Con dificultades cognitivas no solo para la aritmética, sino también para entender cualquier información simple de las noticias o los boletines de incidencias del tráfico, para memorizar un número de teléfono o los asientos de una cena con invitados.

«Los estrógenos hacían que me sintiese mejor», me dijo no mucho antes de morir, después de varias décadas sin ellos.

Bueno, sí. Los estrógenos hacían que se sintiese mejor.

Esa ha sido «la situación» para la mayoría de nosotras.

Y sin embargo:

Y pese a todo:

Pese a toda evidencia:

Pese a reconocer que mi piel y mi pelo y hasta mi mente dependen todos de esos estrógenos que ya no tengo:

Pese a reconocer que ya no volveré a llevar las sandalias de ante rojo con tacones de diez centímetros y tras reconocer que los pendientes de aro dorados y los leggins de cachemir negro y las cuentas esmaltadas ya no encajan:

Pese a reconocer que para una mujer de mi edad el mero hecho de fijarse en esos detalles de su aspecto va a ser tergiversado por muchos y presentado como manifestación de vanidad fuera de lugar:

Pese a todo esto:

Sin embargo:

Hasta hace muy poco no se me había ocurrido que el hecho de tener setenta y cinco años se pudiera presentar como una situación significativamente alterada, como algo completamente diferente.

27

A principios de verano me pasó una cosa.

Una cosa que alteró la perspectiva que yo tenía de mis posibilidades, que me acortó, por así decirlo, el horizonte.

Sigo sin tener ni idea de qué hora era cuando sucedió, ni de por qué sucedió, ni siquiera de cómo sucedió exactamente. Lo único que sé es que a mediados de junio, después de volver andando a casa con una amiga con la que había cenado temprano en la Tercera Avenida a la altura de la calle Ochenta y tantos, me desperté en el suelo de mi dormitorio, con el brazo izquierdo, la frente y las dos piernas sangrando, incapaz de ponerme de pie. Parecía evidente que me había caído, pero no tenía ningún recuerdo de ello, no recordaba haber perdido el equilibrio ni tampoco intentar recuperarlo, los preludios habituales a una caída. Ciertamente no tenía recuerdo alguno de haber perdido el conocimiento. El término diagnóstico para definir lo que me había pasado (me iba a enterar aquella misma noche) era «síncope», desmayo, pero los argumentos en torno al síncope, que se centraban en los «síntomas previos» (palpitaciones, mareo, vértigo, visión borrosa o lejana), ninguno de los cuales yo podía reconocer, no parecían cuadrar para nada.

Yo había estado sola en el apartamento.

En el apartamento había trece teléfonos, y en aquel momento ni uno solo estaba a mi alcance.

Recuerdo que estaba tirada en el suelo y tratando de ubicar mentalmente aquellos teléfonos inalcanzables, contándolos habitación por habitación.

Recuerdo que me olvidé de una habitación y tuve que contar los teléfonos por segunda y por tercera vez.

Resultaba peligrosamente tranquilizador.

Recuerdo que, a falta de ninguna perspectiva de recibir ayuda, decidí volver a dormirme un rato, allí en el suelo, en medio de un charco de sangre.

Recuerdo que saqué una colcha de un baúl de mimbre, el único objeto que pude alcanzar, y que me la puse doblada debajo de la cabeza.

No recuerdo nada más hasta que me desperté por segunda vez y en aquel segundo intento me las apañé para obtener la tracción suficiente y levantarme.

Y llegado ese momento llamé a un amigo.

Y llegado ese momento él vino.

Y llegado ese momento, como yo seguía sangrando, cogimos un taxi para ir a urgencias del hospital Lenox Hill.

Fui yo quien eligió el Lenox Hill.

Déjenme que se lo repita: fui yo quien eligió el Lenox Hill.

Semanas más tarde, aquel dato me seguiría agobiando tanto como todo lo demás que sucedió aquella noche: *fui yo quien eligió el Lenox Hill*. Me subí a un taxi delante de mi apartamento, que resulta que está a la misma distancia de dos hospitales, el Lenox Hill y el New York-Cornell, *y yo elegí el Lenox Hill*. Elegir el Lenox Hill en lugar del New York-Cornell no demostró precisamente un instinto muy desarrollado de supervivencia. Elegir el Lenox Hill en lugar del New York-Cornell corroboró lo que me dijeron humillantemente todas las enfermeras, ayudantes y médicos con los que hablé durante las dos noches que acabé pasando en el Lenox Hill, la primera noche en urgencias y la segunda en una unidad de cardíacos, donde resultó que había una cama libre y donde se supuso erróneamente que como me habían dado una cama en la unidad de cardíacos yo debía de tener un problema cardíaco: que yo era vieja. Era demasiado vieja para vivir sola. Era demasiado vieja para que se me permitiera salir de la cama. Era demasiado vieja para darme cuenta de que si me habían dado una cama en la unidad de cardíacos era porque debía de tener un problema cardíaco.

—Su problema cardíaco no se refleja en los monitores —no paraba de decirme una enfermera en tono acusador.

Yo intenté procesar lo que me estaba diciendo.

En aquellos momentos procesar lo que la gente decía no era mi fuerte, pero aquella enfermera parecía estar sugiriendo que mi «problema cardíaco» no aparecía en los monitores porque yo había desprendido de forma deliberada los electrodos.

Yo repliqué.

Le dije que, que yo supiera, no tenía ningún problema cardíaco.

Ella replicó.

—Pues claro que tiene un problema cardíaco —me dijo. Y luego, para zanjar el asunto, añadió—: Si no, no estaría usted en la unidad de cardíacos.

Yo no tenía respuesta para aquello.

Traté de fingir que estaba en casa.

Traté de averiguar si era de día o de noche: si era de día tenía alguna posibilidad de irme a casa, pero en aquel hospital no existían ni el día ni la noche.

Solo turnos.

Solo la espera.

Esperar a la enfermera del suero, esperar a la enfermera que tenía la llave de los narcóticos, esperar al camillero.

¿Alguien puede sacar ese catéter, por favor?

Esa transfusión la pidieron a las once de esta noche.

—¿Cómo se suele desplazar usted por su apartamento? —no paraba de preguntarme un tipo con uniforme hospitalario, maravillándose ante lo que él parecía considerar mi completamente inmerecida movilidad y suministrando finalmente él mismo la respuesta—. ¿Con andador?

La desmoralización se produce al instante: tengo dificultades para explicar hasta qué punto me afectaron negativamente dos noches de hospitalización relativamente cómoda. No me habían operado. No me habían realizado ningún tratamiento incómodo. No había existido incomodidad real, más que en un plano emocional. Y, sin embargo, yo me sentía víctima de un horrible malentendido: solo quería irme a casa, lavarme la sangre del pelo y que dejaran de tratarme como a una inválida. Y, en cambio, estaba sucediendo justo lo contrario. Resultó que mi médico, que trabajaba en el Columbia Presbyterian, estaba en San Petersburgo con su familia: me llamó al Lenox Hill durante un descanso del Ballet Kirov. Quería saber qué estaba haciendo yo en el Lenox Hill. Y llegado aquel punto, yo me hacía la misma pregunta. Los médicos presentes, decididos a localizar mi «problema cardíaco» fantasma, parecían dispuestos a infantilizarme de forma permanente. Hasta mis propios amigos, que pasaban a visitarme después del trabajo, al mando de sus vidas, sin sangre en el pelo, adultos sensibles que hacían y recibían llamadas, que hacían planes para cenar y me traían sopas frías perfectas que yo no me podía comer porque la cama del hospital estaba inclinada de tal manera que no permitía sentarse con la espalda erguida, ahora estaban hablando de la necesidad de que yo tuviera a «alguien en casa»: cada vez daba más la impresión de que yo había cogido un taxi al Lenox Hill y me había despertado en *Paseando a miss Daisy*.

No sin esfuerzo, conseguí comunicar esta idea.

Me dieron el alta del Lenox Hill.

Mi médico volvió de San Petersburgo.

Al cabo de unos días más de monitorización cardíaca infructuosa, se abandonó la hipótesis cardíaca.

Me concertaron una cita con otro neurólogo, este del New York-Cornell.

Me programaron y me hicieron muchas pruebas.

Otra resonancia magnética para averiguar si se habían producido o no cambios significativos.

No se habían producido.

Otra resonancia magnética para averiguar si se había producido o no algún crecimiento del aneurisma visualizado en las resonancias magnéticas previas.

No se había producido.

Otra ecografía, para averiguar si se había producido algún avance en la calcificación de la arteria carótida.

No se había producido.

Y por fin, una exploración TEP de cuerpo entero, destinada a mostrar cualquier anormalidad en el corazón, los pulmones, el hígado, los riñones, los huesos o el cerebro: de hecho, en cualquier parte del cuerpo.

Entré y salí varias veces de la TEP.

Pasaban cuarenta minutos, luego me cambiaban de posición y otros quince.

Yo estaba tumbada inmóvil dentro del escáner.

Era imposible imaginar que los resultados salieran limpios.

Sería una versión más de lo sucedido en la unidad de cardíacos: me habían encargado una exploración TEP, *ergo*, igual que la noche sigue al día, en la TEP de cuerpo entero tenía que aparecer necesariamente algo anormal.

Me dieron el resultado un día más tarde.

Y la sorpresa fue que en la exploración no se detectó nada anómalo.

Todo el mundo se mostró de acuerdo en aquello. Todo el mundo usó la palabra «sorpresa».

La sorpresa fue que no había nada anómalo que explicara por qué me daba miedo levantarme de una silla plegable de un local de ensayos de la calle Cuarenta y dos Oeste.

Solo entonces me di cuenta de que durante las tres semanas transcurridas desde que cogí el taxi para ir al Lenox Hill el 14 de junio hasta que recibí los resultados del examen TEP de cuerpo entero, el 8 de julio, había dejado que se me pasaran las noches azules más intensas del año.

¿Cuál es el precio de perder esas semanas, esa luz, las noches del año que uno prefiere sobre todas las demás?

¿Se puede eludir la muerte de la claridad?

¿O solo se puede eludir su advertencia?

¿Dónde se queda uno si se pierde el mensaje que traen las noches azules?

«¿Alguna vez has vivido un momento en que tu vida entera se detiene?» Así es como planteaba esa misma pregunta Kris Jenkins, un defensa de los Jets de ciento sesenta kilos, después de romperse, tras solo seis partidos de la que iba a ser su décima temporada en la NFL, los dos meniscos y el ligamento cruzado anterior. «¿Muy deprisa pero a cámara lenta? Como si todos tus sentidos se apagaran… Como si te estuvieras observando a ti mismo desde fuera…»

Yo les ofrezco una segunda forma de plantear el momento en que la vida entera de uno se detiene, esta procedente del actor Robert Duvall: «Yo existo muy a gusto entre las palabras "acción" y "corten"».

Y hasta una tercera forma: «No se presenta en forma de dolor», oí una vez que decía un oncólogo hablando del cáncer.

28

Me encuentro con que ya no pienso en nada más que en Quintana.

La necesito aquí conmigo.

Detrás de la casa de Franklin Avenue en Hollywood donde vivimos desde el día en que dejamos atrás las fuentes de mesa Minton de Sara Mankiewicz hasta el día en que nos mudamos a la casa de la playa, un periodo de unos cuatro años, teníamos una pista de tenis de tierra batida, con hierbas que crecían en las grietas de la tierra. Recuerdo ver cómo ella arrancaba las hierbas, apoyada en sus rodillas gordezuelas de niña pequeña, con el peluche raído al que ella llamaba «Conejito» a su lado.

Papá ha ido a buscar un pellejo de conejo para envolver a su conejita.

Dentro de unas semanas hará cinco años que murió.

Cinco años desde que el médico nos dijo que ya llevaba por lo menos una hora sin recibir aire del respirador artificial.

Cinco años desde que Gerry y yo la dejamos en aquella UCI del New York-Cornell con vistas al río.

Ahora ya puedo pensar otra vez en ella.

Ya no lloro en cuanto oigo su nombre.

Ya no me imagino al camillero al que llamaron para llevarla al depósito de cadáveres después de que nos marcháramos de la UCI.

Pero la sigo necesitando aquí conmigo.

Para suplir su presencia, me dedico a hojear los libros que tengo en una mesa de mi despacho, todos regalos de ella.

Uno se titula *Animales bebé y sus madres*, y es exactamente eso, fotografías en blanco y negro de animales bebé y de sus madres: la mayoría son las típicas imágenes simpáticas (un poco como Conejito), corderitos y ovejas, potrillos y yeguas, pero también hay cachorrillos menos comunes y sus madres: erizos, koalas, llamas. Metida entre las páginas de *Animales bebé y sus madres*, me encuentro una postal francesa que muestra a un cachorro de oso polar y a su madre. «Câlin sur la banquise», dice el pie de foto en francés, seguido de la traducción: «Arrumacos en el témpano de hielo».

«Un puñado de cosas que he encontrado estando de viaje y que me han recordado a ti», es lo que hay escrito en la postal, con una caligrafía menos meticulosa que antaño, pero todavía reconocible.

Todavía de ella.

Debajo de *Animales bebé y sus madres* está *La escafandra y la mariposa* de Jean–Dominique Bauby, un antiguo redactor jefe de la edición francesa de *Elle*, la crónica de su experiencia con un accidente cerebrovascular acontecido en una fecha que él sabía que era el 8 de diciembre y que le hizo despertarse a finales de enero, sin poder hablar y capaz únicamente de mover un párpado: la afección conocida como «síndrome del cautiverio». (¿Usó alguien la palabra «síncope»? ¿Usó alguien la expresión «síntomas previos» al síncope? ¿Podemos encontrar alguna pista por aquí? ¿Alguna pista para entender la situación de Jean–Dominique Bauby? ¿O la mía?) Por razones que por entonces yo no entendí del todo y que desde entonces no he querido explorar, *La escafandra y la mariposa* fue, cuando se publicó, un libro extremadamente importante para Quintana, hasta el punto de que nunca le dije que a mí no me gustaba mucho, y que de hecho ni siquiera me lo creía del todo.

Solo más tarde, cuando ella estaba a casi todos los efectos cautiva de su propia afección, confinada en una silla de ruedas y aquejada de los detritos de una hemorragia en su cerebro y de la consiguiente neurocirugía, empecé ver el sentido de aquello.

Y le vi el sentido justamente cuando dejé de querer explorar las razones por las que aquel libro podía haber sido tan marcadamente importante para Quintana.

Déjame quedarme en el suelo.

Déjame quedarme en el suelo y dormir aquí.

Devuelvo *La escafandra y la mariposa* a la mesa de mi despacho.

Lo coloco al lado de *Animales bebé y sus madres.*

Colin sur la banquise.

Este asunto de los témpanos de hielo me resulta familiar. No me hace falta *Animales bebé y sus madres* para evocar la imagen de los témpanos. En el primer año de hospitalizaciones de Quintana yo me dedicaba a contemplar los témpanos de hielo desde las ventanas de su hospital: los témpanos sobre el East River desde sus ventanas del Beth Israel North y los témpanos sobre el Hudson desde sus ventanas del Columbia Presbyterian. Ahora pienso en aquellos témpanos y me imagino que vi pasar flotando sobre alguna de aquellas placas de hielo fracturado a un oso polar bebé y a su madre, rumbo al Hell Gate Bridge.

Me imagino que le enseñé el oso polar bebé y su madre a Quintana.

Colin sur la banquise.

Déjame quedarme en el suelo.

Decido olvidarme de los témpanos.

Ya he pensado demasiado en los témpanos.

Pensar en los témpanos es como pensar en el camillero al que llamaron para que se la llevara al depósito de cadáveres.

Entro andando por Central Park y me siento un rato en un banco que tiene una placa metálica que indica que se ha hecho una donación memorial a Mantenimiento de Central Park. Ahora en Central Park hay muchas placas como esta. «Quintana Roo Dunne Michael 1966-2005 —dice la placa de este banco—. En el verano y en el invierno.» Una amiga hizo la donación y me pidió que le escribiera el texto que yo quería en la placa. La misma amiga vino a visitar a Quintana cuando estaba haciendo terapia en la unidad de rehabilitación neu-rológica del UCLA, y después de ver a Quintana almorzó con-migo en la cafetería del patio del hospital. Aquel día en el que almorzamos en la cafetería del patio del hospital de la UCLA, a ninguna de las dos se nos ocurrió que la recuperación de Quintana acabaría en este banco.

Así era como todavía pensábamos en aquel año.

El de la «recuperación» de Quintana.

No teníamos ni idea de que «recuperación», igual que «adop-ción», es uno de esos conceptos que parecen más verosímiles de lo que resultan ser en realidad.

Colin sur la banquise.

La silla de ruedas.

Los detritos de la hemorragia, la neurocirugía.

Me pregunto si en esas circunstancias tan distintas se acor-daba de *La escafandra y la mariposa*, y lo que significaría para ella por entonces.

Ella no quería hablar de aquellas nuevas circunstancias.

Ella quería creer que si no les «daba vueltas», una mañana se levantaría y se las encontraría arregladas.

—Es como cuando muere alguien —me dijo una vez, a modo de explicación de su estrategia—. No hay que darles vueltas.

29

Parad los relojes, desconectad el teléfono,
dadle un hueso al perro para que no ladre,
acallad los pianos y con tambores amortiguados
sacad el ataúd, traed al cortejo fúnebre.

Que los aviones vuelen lastimeramente en círculos
escribiendo en el cielo el mensaje «Él ha muerto»,
rodead con crespones los blancos cuellos de las palomas,
que los policías de tráfico lleven guantes negros.

Él era mi norte, mi sur, mi este y mi oeste,
mi semana de trabajo y mi descanso dominical,
mi mediodía, mi medianoche, mi conversación y mi canción;
yo creía que el amor duraba para siempre: me equivocaba.

Las estrellas ya no hacen falta; apagadlas todas.
Guardad la luna y desmontad el sol,
vaciad el océano y barred los bosques;
porque ya nada puede servir para nada.

Eso dice el «Blues funerario» de W. H. Auden, dieciséis versos que, en los días y semanas inmediatamente posteriores a la muerte de John, apelaron directamente a la rabia –la furia ciega e irracional– que yo sentía. Más tarde le enseñé el «Blues funerario» a Quintana. Le dije que estaba considerando la posibilidad de leerlo en el servicio conmemorativo que por entonces ella y yo estábamos planeando para John. Ella me imploró que no lo hiciera. Me dijo que no le gustaba nada del poema. Que estaba «equivocado». Fue vehemente en este sentido. Por entonces yo pensé que le disgustaba el tono del poema, sus ritmos crudos, la dureza con que rechaza el mundo, la imagen que da de un orador a punto de estallar. Ahora tengo otra opinión de su vehemencia. Ahora pienso que ella consideraba que el «Blues funerario» era darle vueltas.

La tarde en que ella murió, el 26 de agosto de 2005, su marido y yo abandonamos aquella UCI del New York-Cornell con vistas al río y cruzamos andando Central Park. Las hojas de los árboles ya estaban perdiendo intensidad, y aunque faltaban semanas para que empezaran a caer ya estaban listas para la caída, no exactamente apagadas sino apagándose. Para cuando ella ingresó en el hospital, a finales de mayo o principios de junio, las noches azules acababan de empezar. Yo me había fijado en ellas poco después de que la ingresaran en la UCI, que resultó estar en el Pabellón Greenberg. En el vestíbulo del Pabellón Greenberg colgaban retratos de sus principales benefactores, los más prominentes de los cuales habían desempeñado roles fundacionales en el conglomerado de aseguradoras AIG y por tanto habían figurado en las noticias sobre el rescate financiero de la AIG. Durante las primeras semanas en que me tocó visitar el Pabellón Greenberg donde estaba la UCI me sorprendió la familiaridad de aquellas caras de los retratos, y a media tarde, cuando bajaba de la UCI a la planta baja, me detenía para examinarlas. Luego salía al azul cada vez más intenso de aquella hora de la tarde de principios de la temporada estival.

Durante un tiempo pareció que aquella rutina traía suerte.

Fue un periodo en el que los médicos de la UCI no parecían transmitir desaliento de forma unánime.

Fue un periodo en el que parecía posible la mejoría.

Hasta se llegó a mencionar una unidad de transición, aunque dicha unidad de transición nunca se materializó exactamente.

Y una noche, al salir de la UCI y detenerme como de costumbre frente a los retratos de la AIG, me di cuenta: no iba a haber ninguna unidad de transición.

La luz de fuera ya había cambiado.

La luz de fuera ya no era azul.

Desde su entrada en aquella UCI ella ya había pasado por cinco intervenciones quirúrgicas. Llevaba todo aquel tiempo sedada y con respiración asistida. Todavía no le habían cerrado la incisión quirúrgica inicial. Yo le pregunté a su cirujano cuánto tiempo podía seguir haciendo aquello. Él me mencionó a un cirujano del Cornell que le había practicado dieciocho de aquellas intervenciones a un mismo paciente.

—Y el paciente sobrevivió —me dijo el cirujano.

¿En qué estado?, le pregunté yo.

—Su hija no estaba en muy buen estado cuando llegó aquí —me dijo el cirujano.

De manera que así estaban las cosas. La luz de fuera ya estaba oscureciendo y ella seguía arriba en aquella UCI con vistas al río y el cirujano me estaba diciendo que ella no estaba en muy buen estado cuando había llegado.

En otras palabras, se estaba muriendo.

Ahora yo ya sabía que se estaba muriendo.

No había forma de no enterarse. Ya no había forma de creer a los médicos cuando intentaban no resultar desalentadores. Ya no iba a poder fingir ante mí misma que el espíritu de los fundadores de la AIG nos iba a sacar de aquella. Ella se iba a morir. No se iba a morir necesariamente aquella noche, ni tampoco necesariamente al día siguiente, pero ya estábamos de camino al día en que se iba a morir.

El 26 de agosto era el día en que se iba a morir.

El 26 de agosto era el día en que Gerry y yo nos íbamos a marchar de la UCI con vistas al río para cruzar Central Park.

Mientras escribo esto veo que no me refiero siempre de la misma manera a Gerry. A veces lo llamo «Gerry» y a veces «su marido». A ella le gustaba cómo sonaba aquella expresión. *Su marido. Mi marido.*

La usaba todo el tiempo.

Cuando todavía podía hablar.

Que, a medida que los días seguían acortándose y el camino se agotaba, ya no era ni mucho menos todos los días.

Fíjense en que estamos llevando a cabo compresión manual.

Porque la paciente ya no podía obtener oxígeno suficiente por el respirador.

Ya hace por lo menos una hora.

En un paso subterráneo de debajo de uno de los puentes de Central Park, aquel día había alguien tocando el saxo. No recuerdo qué canción estaba tocando, pero sí que era de amor, y me acuerdo de que me paré debajo del puente, mirando para otro lado, con la vista en las hojas apagadas, incapaz de refrenar el llanto.

—El poder de la música mala —me dijo Gerry, o tal vez solo lo pensé yo.

Gerry. Su marido.

El día en que ella cortó la tarta de color melocotón de Payard.

El día en que llevó los zapatos con las suelas de color rojo intenso.

El día en que el tatuaje de la plumeria se le veía a través del velo.

De hecho, yo ni siquiera estaba llorando por el saxo.

Yo estaba llorando por los baldosines, los baldosines Minton que revestían la galería con arcos situada al sur de la fuente Bethesda, el diseño de las fuentes de Sara Mankiewicz, el bautizo de Quintana. Estaba llorando por Connie Wald con aquel perro al que paseaba por Boulder City y el Embalse de Hoover. Estaba llorando por Diana con su copa larga de champán y su cigarrillo en la sala de estar de Sara Mankiewicz. Estaba llorando por Diana, que había hablado con Blake Watson para que yo me pudiera llevar a casa a aquel bebé precioso que él había traído al mundo en la maternidad del Saint John's Hospital de Santa Mónica.

Diana, que moriría en la UCI del Cedars de Los Ángeles.

Dominique, que moriría en la UCI del Cedars de Los Ángeles.

El bebé precioso, que moriría en la UCI del Pabellón Greenberg del New York-Cornell.

Fíjense en que estamos llevando a cabo compresión manual.

Porque la paciente ya no podía obtener oxígeno suficiente por el respirador.

Ya hace por lo menos una hora.

Es como cuando muere alguien, no hay que darle vueltas.

30

Seis semanas después de su muerte le hicimos un servicio conmemorativo, en la iglesia de los dominicos de San Vicente
Ferrer de Lexington Avenue. Hubo cantos gregorianos. Se
interpretó la *Sonata para piano en si bemol* de Schubert. Su primo Griffin leyó unos párrafos que John había escrito sobre ella
en *Quintata & Friends*: «Esta semana Quintana cumplirá once
años. Se acerca a la adolescencia con lo que solo puedo describir
como garbo, pero es que contemplar su viaje desde la primera
infancia siempre ha sido como ver lanzar a Sandy Koufax o
jugar a baloncesto a Bill Russell». Su prima Kelley leyó un
poema que ella había escrito de niña en Malibú sobre los vien-
tos de Santa Ana:

> *Los jardines han muerto*
> *Nadie da de comer a los animales*
> *Las flores no huelen*
> *El pozo está seco*
> *Las carreras de la gente se hunden*
> *El cerebro se revuelve en el cráneo*
> *La gente balbucea mientras las hojas crujen*
> *Las cenizas vuelan.*

Susan Traylor, su mejor amiga desde que ambas iban al
parvulario en Malibú, leyó una carta suya. Calvin Trillin habló de ella. Gerry leyó un poema de Galway Kinnell que a
ella le gustaba, Patti Smith le cantó una nana que había escri-

to para su propio hijo. Yo leí los poemas de Wallace Stevens y de T. S. Eliot, «Dominio del negro» y «New Hampshire», con los cuales la solía poner a dormir cuando era un bebé. «El de los pavos reales», me pedía en cuanto pudo hablar. «El de los pavos reales» o «el de los manzanos».

En «Dominio del negro» había pavos reales.

En «New Hampshire» había manzanos.

Cada vez que veo los pavos reales de San Juan el Divino me acuerdo de «Dominio del negro».

Aquel día en San Vicente Ferrer leí el de los pavos reales.

Y el de los manzanos.

Al día siguiente su marido, mi hermano y la familia de este, Griffin y su padre fuimos a San Juan el Divino y colocamos sus cenizas en un muro de mármol de la capilla de Saint Ansgar, junto con las de mi madre y las de John.

El nombre de mi madre ya estaba en el muro de mármol de San Juan el Divino.

EDUENE JERRETT DIDION

30 DE MAYO DE 1910 – 15 DE MAYO DE 2001

El nombre de John ya estaba allí.

JOHN GREGORY DUNNE

25 DE MAYO DE 1932 – 30 DE DICIEMBRE DE 2003

Hasta ese día habían quedado dos espacios en blanco, con los nombres sin grabar.

Ahora solo quedaba uno.

Durante un mes aproximadamente después de colocar primero las cenizas de mi madre y luego las de John en el muro de San Juan el Divino, tuve el mismo sueño una y otra vez. En el sueño siempre eran las seis de la tarde, la hora a la que suenan las campanadas del oficio de vísperas y las puertas de la catedral se cierran con llave.

En el sueño yo oigo las campanadas de las seis en punto.

En el sueño veo que la catedral se oscurece y que las puertas se cierran con llave.

Se pueden imaginar lo que viene después en el sueño.

Cuando salí de la catedral después de colocar las cenizas de ella en el muro de mármol, evité acordarme del sueño.

Me prometí a mí misma que no perdería el empuje.

«No perder el empuje» fue el imperativo que estuvo resonando durante todo el trayecto hacia el sur.

De hecho, no tenía ni idea de qué pasaría si lo perdía.

De hecho, no tenía ni idea de qué era.

Daba por sentado, incorrectamente, que tenía algo que ver con el movimiento, con viajar, con registrarse en hoteles y marcharse de ellos, con ir al aeropuerto y regresar.

Lo intenté.

Una semana después de dejar las cenizas en el muro de San Juan el Divino fui en avión a Boston y después a Nueva York y después a Dallas y después de vuelta a Nueva York y después a Mineápolis y de vuelta a Nueva York, haciendo la promoción de *El año del pensamiento mágico*. La semana siguiente, todavía en plena promoción y todavía con la idea equivocada de que el empuje consistía en viajar, volé a Washington, a continuación volví, luego fui a San Francisco y a Los Ángeles y a Denver y a Seattle y a Chicago y a Toronto y por fin a Palm Springs, donde iba a pasar Acción de Gracias con mi hermano y su familia. Desde varios puntos de aquel itinerario, en el curso del cual empecé a entender que el mero hecho de ir y venir de aeropuertos tal vez no bastara, que tal vez fuera necesario algún esfuerzo añadido, hablé por teléfono con Scott Rudin y acordamos que yo escribiría y él produciría y David Hare dirigiría una obra teatral con un solo personaje, destinada a Broadway, basada en *El año del pensamiento mágico*.

Los tres, Scott, David y yo, nos juntamos por primera vez para hablar de aquel proyecto un año después de Navidad.

Una semana antes de Pascua, en un teatro diminuto de la calle Cuarenta y Dos Oeste, asistimos a las primeras lecturas de la obra.

Un año más tarde se estrenó, con Vanessa Redgrave en el único papel protagonista, en el teatro Booth de la calle Cuarenta y cinco Oeste.

Entre las diversas formas de no perder el empuje, aquella resultó ser mejor que la mayoría: recuerdo que todo el proceso me gustó bastante. Me gustaba la tranquilidad de las tardes entre bastidores en compañía de los directores de escena y los electricistas. Me gustaba cómo los acomodadores se reunían abajo para recibir instrucciones justo antes del aviso de la media hora. Me gustaba la presencia de los vigilantes de la Shubert fuera, me gustaba el peso de la puerta de la entrada de artistas cuando yo la abría con el viento en contra por Shubert Alley, me gustaban los pasadizos secretos que iban y venían del escenario. Me gustaba que Amanda, que era quien controlaba la entrada de artistas por las noches, tuviera sobre su escritorio un molde con las galletas que hacía ella misma. Me gustaba que Lauri, que era quien gestionaba el Booth para la Shubert Organization y estaba haciendo su posgrado en literatura medieval, fuera nuestra autoridad suprema sobre unos versos de la obra que mencionaban a Gawain. Me gustaban el pollo frito y el pan de maíz y la ensalada de patatas y las verduras que nos hacíamos traer del Piece o'Chicken, un restaurante de comida para llevar que había al lado de la Novena Avenida. Me gustaba la sopa de bolas matzó que comprábamos en la cafetería del hotel Edison. Me gustaba el sitio para sentarse que habíamos puesto entre bastidores, la mesilla improvisada con mantel a cuadros y una vela eléctrica y un menú que decía «Café Didion».

Me gustaba contemplar la obra desde un balcón que había por encima de las luces.

Me gustaba todo, pero lo que más me gustaba era el hecho de que, aunque la obra estaba totalmente centrada en Quintana, cinco noches y dos tardes a la semana había noventa minutos largos, que era lo que duraba la obra, durante los cuales ella no tenía por qué estar muerta.

Durante los cuales la pregunta permanecía abierta.

Durante los cuales el desenlace todavía estaba por llegar.

Durante los cuales la última escena no tenía necesariamente que representarse en la UCI con vistas al East River.

Durante los cuales las campanas no iban a sonar necesariamente y las puertas no se iban a cerrar con llave necesariamente a las seis.

Durante los cuales el último diálogo que se oía no trataba necesariamente del respirador.

Es como cuando muere alguien, no hay que darle vueltas.

31

La noche de finales de agosto en que se representó la obra por última vez, Vanessa cogió las rosas amarillas que le habían dado para que saliera a saludar y las dejó en el escenario, bajo la fotografía de John y Quintana en la terraza de Malibú que constituía la imagen final del decorado que había diseñado Bob Crowley para la producción.

El teatro se vació.

A mí me satisfizo ver lo despacio que se vaciaba, como si el público compartiera mi deseo de no dejar solos a John y a Quintana.

Nos quedamos entre bastidores y bebimos champán.

Antes de irme aquella noche alguien señaló las rosas amarillas que Vanessa había dejado en el suelo del escenario y me preguntó si me las quería llevar.

Yo no quería llevarme las rosas amarillas.

Yo no quería que nadie tocara las rosas amarillas.

Yo quería las rosas amarillas justo allí, donde las había dejado Vanessa, con John y Quintana en el escenario del Booth, allí tiradas sobre el escenario toda la noche, sin más iluminación que las luces de seguridad, permaneciendo sobre el escenario hasta el instante inevitable del desmontaje de decorados a las ocho de la mañana. «Representación 144 + 23 ensayos + 1 fondo para actores —decían las notas del director de escena relativas a aquella noche—. Noche mágica. Última representación maravillosa. Aparición del director antes de la obra. Rosas en el saludo de la actriz. Brindis con champán. Entre los invitados Griffin Dunne, su hija Hannah y Marian Seldes. El Café Didion sirvió su último menú del Piece o'Chicken con guarniciones.» Para cuando terminó la última representación aquella noche, parecía claro que yo había conseguido no perder el empuje, pero también parecía claro que no perder el empuje se había cobrado su precio. Este precio siempre había sido predecible, pero no fue hasta aquella noche cuando empecé a traducirlo a palabras. Una expresión que me vino a la cabeza fue «forzarse a una misma». Otra era «más allá del límite de la resistencia».

32

«Sufrí una intoxicación por agua o carencia de sodio, que se caracteriza por alucinaciones, pérdida de memoria e incapacidad corporal; una auténtica plétora de psicosis. Oía voces, veía cuatro imágenes distintas simultáneamente en el televisor, leía un libro en el que cada palabra podía separarse del resto y llenar la página. Le preguntaba a la gente por teléfono con quién creían que estaban hablando porque ciertamente yo no lo sabía. Y me caía constantemente. Además de esta experiencia fantasmagórica, sufrí un derrame cerebral.» Esto escribe la dramaturga Ntozake Shange, en el libro *In the Fullness of Time: 32 Women on Life After 50*, sobre los males que la acometieron repentinamente después de cumplir los cincuenta. «El derrame puso fin a varios nanosegundos de imágenes y dejó mi cuerpo con la visión reducida, sin fuerzas, con inmovilidad en las piernas, dificultades para hablar y habiendo perdido la capacidad de leer.»

Tuvo que volver a aprender a leer.

Tuvo que volver a aprender a escribir.

Tuvo que volver a aprender a caminar y a hablar.

Se convirtió en la persona con que Quintana soñaba en convertirse, la persona que, a base de *no darle vueltas*, se despierta una mañana y se encuentra con que sus nuevas circunstancias se han arreglado. «No estoy muerta, soy mayor —nos cuenta desde su perspectiva mejorada—. Pero todavía puedo memorizar un par de estrofas. Lo que tengo memorizado es la cara de mi hija en distintos momentos de su vida.»

33

La mala salud, que es otra forma de describir el precio que podemos acabar pagando por no perder el empuje, se nos echa encima cuando no se nos ocurre razón alguna para esperarla. Yo les puedo decir con total precisión cuándo se me echó encima a mí: un jueves por la mañana, 2 de agosto de 2007, en que me desperté con dolor de oídos y una parte de la cara enrojecida que yo atribuí a una infección por estafilococos.

Recuerdo que pensé que aquello era un incordio, una pérdida de tiempo, el desperdicio de una mañana que yo no me podía permitir.

Como tenía algo que yo pensaba erróneamente que era dolor de oídos, aquella mañana me tocaba ir al otorrinolaringólogo.

Como tenía algo que yo pensaba erróneamente que era una infección por estafilococos, aquella mañana me tocaba ir al dermatólogo.

Antes de mediodía ya tenía diagnóstico: no era dolor de oído ni infección por estafilococos, sino un herpes zóster, comúnmente llamado culebrilla, una inflamación del sistema nervioso, una reactivación adulta (que por lo general se considera que viene desencadenada o agravada por el estrés) del virus que causa la varicela infantil.

«Culebrilla»: parecía algo poco importante, incluso vagamente cómico, algo de lo que se quejaría una tía abuela, o una vecina anciana; una historia que mañana ya sería graciosa.

Mañana. Cuando ya estuviera bien. Recuperada. Sana.

Contando la historia graciosa.

No te vas a imaginar lo que tuve ayer. «Culebrilla», imagínate.

Entonces no es nada preocupante, recuerdo que le dije al médico que me hizo el diagnóstico.

El zóster puede ser un virus muy potente, me dijo el médico, cauteloso.

Todavía con ánimo de no perder el empuje, y sin darme cuenta todavía de que no perder el empuje era precisamente lo que me había hecho acabar en la consulta del médico, no le pregunté en qué sentidos podía el zóster ser un virus muy potente.

Lo que hice en cambio fue irme a casa, me puse una capa de maquillaje traslúcido sobre lo que ya me habían dicho que no era una infección de estafilococos, me tomé una de las pastillas antivirales que me había dado el médico y me fui hacia la calle Cuarenta y cinco Oeste. Me fui para la calle Cuarenta y cinco Oeste no porque me encontrara mejor (de hecho, me encontraba peor), sino porque ya tenía planeado ir aquel día al teatro, ir al teatro era el ímpetu de aquel día: llegar al Booth a tiempo para el ensayo de suplentes de las 15.30, cruzar la calle Cuarenta y cinco Oeste durante el descanso y comprar pollo frito con verduras para comer en los camerinos, quedarme a ver la obra y tomarme una copa después con Vanessa y con todo el que estuviera disponible. «Directa, apasionante, bien templada», decían las notas del director de escena sobre la representación de aquella noche. «La señora Redgrave nerviosa antes de la obra. Vórtice muy claro. Público absorto. Teléfono móvil en pleno clímax de la obra. Asistentes: Joan Didion (Piece o'Chicken en el café, obra y hora del cóctel para las señoras). Día caluroso y húmedo. Temperatura del escenario: agradable».

No recuerdo nada de los nervios de la señora Redgrave antes de la obra.

No recuerdo nada de la hora del cóctel para las señoras. Me han contado que hubo daiquiris, preparados entre bastidores por la ayudante de camerino de Vanessa, y que yo me tomé uno.

Solo me acuerdo de que tras aquel día caluroso y húmedo con temperatura agradable en el escenario vino, para mí, una semana entera de cuarenta grados de fiebre, tres semanas de dolor agudo en el costado izquierdo de mi cara y mi cabeza (incluyendo, por desgracia, esos nervios que causan la migraña, el dolor de oído y el de muelas), y después un estado que el neurólogo describió como «ataxia posvírica», pero que yo solo podía describir como «no saber dónde empieza ni dónde termina tu cuerpo».

Se me ocurre que Ntozake Shange debía de referirse justamente a eso cuando hablaba de «incapacidad corporal».

Ya no tenía sentido del equilibrio.

Se me caía todo lo que intentaba coger.

No podía atarme los zapatos, no podía abotonarme un jersey ni recogerme el pelo para que no me cayese por delante de la cara, y los actos más sencillos de abrochar y desabrochar cosas me resultaban imposibles.

Ya no podía atrapar una pelota.

Solo menciono lo de la pelota porque (aunque no tengo costumbre de pasarme el día atrapando pelotas) la descripción más precisa que he oído nunca de aquellos síntomas que yo estaba empezando a experimentar es la que dio un tenista profesional, James Blake, que, después de una temporada de estrés considerable −se había fracturado una vértebra justo antes del Open de Francia y mientras él se recuperaba su padre se estaba muriendo− se despertó una mañana a los veintipocos años con síntomas parecidos. «Me di cuenta al instante de cuántas cosas me fallaban −escribió más tarde en *Breaking Back: How I Lost Everything and Won Back My Life*, sobre su intento inicial de regresar a la que había sido su vida−. No solo había perdido el equilibrio, sino que también tenía fastidiada la vista: me costaba un montón seguir la pelota desde las raquetas de Brian y de Evan hasta la mía. Podía ver cómo ellos le daban con las raquetas, la perdía de vista un momento y cuando la volvía a ver estaba mucho más cerca de mí. Esto resultaba especialmente desconcertante porque ni Brian ni Evan le pegaban tan fuerte ni mucho menos como el jugador medio del circuito.»

Intentaba correr para responder a un golpe y se encontraba con que su coordinación se había ido donde se hubiera ido su vista.

Intentaba hacer una volea, golpear unas cuantas pelotas, y se encontraba con que ahora era la pelota la que lo golpeaba a él.

Le preguntó al neurólogo del Yale-New Haven al que lo habían derivado cuánto tiempo se podía esperar que duraran aquellos síntomas.

—Por lo menos tres meses —le dijo el neurólogo—. Pero podrían durar hasta cuatro años.

Lo cual no era lo que aquel tenista profesional quería oír, ni tampoco es lo que quiero oír yo.

Pero en fin.

Conservo la fe (que es otra manera de llamar al empuje) en que mis síntomas, que no han dejado de regresar bajo encarnaciones ligeramente alteradas y de momento han tenido una duración más cercana a los cuatro años que a los tres meses, mejorarán, se atenuarán y terminarán por arreglarse.

Yo hago lo que puedo para que se produzca este arreglo, sigo todas las instrucciones que me dan.

Asisto con regularidad a la calle Sesenta con Madison para hacer fisioterapia.

Tengo siempre reservas de helado de vainilla de la Maison du Chocolat en el congelador.

Colecciono buenas noticias y hasta me concentro en ellas. Por ejemplo:

James Blake ha regresado al circuito. Me centro en este hecho.

Y entretanto, igual que Ntozake Shange, me dedico a memorizar la cara de mi hija.

34

Me sorprendo a mí misma examinando, en un ejemplar del *New York Review of Books*, una fotografía de la agencia Magnum en que aparece Sophia Loren durante un desfile de moda de Christian Dior en 1968 en París. En la fotografía Sophia Loren está sentada en una butaca dorada, con turbante de seda y fumando un cigarrillo, laboriosamente peripuesta, eternamente emperifollada mientras contempla a «la novia», el tradicional final del desfile. Se me ocurre que esa fotografía de Magnum debió de tomarse no mucho después de que la propia Sophia Loren fuera «la novia», de hecho dos veces novia, puesto que tuvo que volver a casarse en Francia con Carlo Ponti después de que fuese anulada su boda original en México, la boda por la que él fue acusado de bigamia y lo amenazaron con excomulgarlo en Italia.

Un «escándalo» de la época.

Ya no es fácil recordar la facilidad con que nos llegaban antaño los «escándalos».

Elizabeth Taylor y Richard Burton, un escándalo.

Ingrid Bergman y Roberto Rossellini, un escándalo.

Sophia Loren y Carlo Ponti, un escándalo.

Continúo examinando la fotografía.

Me imagino al objeto de este escándalo en concreto saliendo de Dior y yendo a almorzar al patio del Plaza Athénée.

Me la imagino sentada con Carlo Ponti en el patio, comiéndose un *éclair* con tenedor, mientras las enredaderas que cubren el patio se mecen suavemente, hiedra, *lierre*, luz del sol reluciendo en tonos rosados a través de los doseles de lona roja por encima de las ventanas. Me imagino el sonido de los pajarillos que se agolpan en la *lierre*, un gorjeo, una presencia constante y de vez en cuando un aumento –cuando se abre una persiana metálica, por ejemplo, o cuando Sophia Loren se levanta de su silla para cruzar el patio– de la intensidad de sus cantos. Me la imagino saliendo del Plaza Athénée, con los fotógrafos disparando sus flashes a su alrededor mientras ella entra en un coche que la espera en la avenue Montaigne.

El cigarrillo, el turbante de seda.

Caigo en la cuenta de que en esta fotografía se parece un poco a las mujeres de las fotografías que hizo Nick en el bautizo de Quintana.

A Quintana la bautizamos en 1966 y el desfile de Christian Dior fue dos años más tarde, en 1968: entre 1966 y 1968 transcurrieron centurias enteras en la vida política y cultural de Estados Unidos, pero en cierta manera fueron la misma época para las mujeres que se presentaban de una manera determinada. Era una forma de aparecer, una forma de existir. Era una época. ¿Qué se hizo de aquella forma de aparecer, de aquella forma de existir, de aquel momento, de aquella época? ¿Qué se hizo de las mujeres que fumaban vestidas con conjuntos de Chanel y pulseras de David Webb, qué se hizo de Diana con su copa larga de champán y con una de las fuentes Minton de Sara Mankiewicz? ¿Qué se hizo de las fuentes Minton de Sara Mankiewicz? ¿Qué se hizo de la pista de tenis de tierra batida de la casa de Franklin Avenue en Hollywood, aquella pista donde vi a Quintana arrancar las hierbas apoyada en sus gordezuelas rodillas de bebé? ¿Qué le dio a Quintana la idea de que quitar las hierbas de una pista donde jamás jugaba nadie –hasta la red estaba caída, agujereada durante los años de abandono, tirada por entre los hierbajos y la arenilla desprendida de la pista– era una tarea necesaria, su cometido, su responsabilidad? ¿Acaso quitar las hierbas de la pista de tenis en desuso de la casa de Franklin Avenue era algo parecido a equipar la casa de muñecas de Malibú con una sala de proyecciones?

¿Acaso quitar las hierbas de la pista de tenis en desuso era algo parecido a escribir una novela? ¿Acaso era una forma más de adoptar un rol adulto? ¿Por qué necesitaba ella tanto adoptar un rol adulto? ¿Qué fue de aquellas rodillas gordezuelas de bebé, qué fue de Conejito?

Pero yo sí sé qué fue de Conejito.

Ella se dejó a Conejito en una suite del hotel Royal Hawaiian de Honolulú.

Yo me enteré en mitad del Pacífico, con ella sentada a mi lado en la cabina a oscuras del piso de arriba, en el vuelo vespertino de la Pan Am de regreso a Los Ángeles.

Por entonces todavía existía la Pan Am.

Por entonces todavía existía la TWA.

Todavía existía la Pan Am y todavía existía la TWA y Bendel's todavía estaba en la calle Cincuenta y siete Oeste y todavía vendía chiffón de Holly's Harp y bajos ondulados y tallas cero y dos.

Sentada a mi lado en aquel vuelo vespertino de regreso a Los Ángeles, mi hija se lamentó por el cruel destino de Conejito: Conejito estaba perdido, Conejito se había quedado atrás, Conejito había sido abandonado. Sin embargo, para cuando el avión llegó rodando a la puerta de embarque del LAX ella ya había transformado con éxito el destino cruel de Conejito en la buena suerte de Conejito: el Royal Hawaiian, la suite, los desayunos servidos en la habitación. ¿Adónde se había ido la mañana? La arena blanca, la piscina. Pasear hasta el arrecife. Lanzarse a nadar desde la balsa. Podíamos estar seguras de que en aquellos mismos momentos Conejito estaría lanzándose a nadar desde la balsa.

Lanzarse a nadar desde la balsa, pasear hasta el arrecife.

Imaginaos a una niña de cinco años que pasea hasta el arrecife.

Es como cuando muere alguien, no hay que darle vueltas.

¿Cómo podría yo no necesitar todavía a aquella criatura conmigo?

Me siento impelida a localizar, a fin de situar por lo menos a una superviviente de aquella época, una fotografía reciente de Sophia Loren.

Introduzco su nombre en Google Images.

Y encuentro una foto reciente: Sophia Loren llegando a algún evento publicitario, una de esas llegadas con alfombra roja durante las cuales los encargados de relaciones públicas pululan alrededor, avisando a los fotógrafos de que se acerca el personaje famoso. Mientras examino el pie de foto me fijo de pasada en que Sophia Loren nació en 1934, el mismo año que yo. Me quedo fascinada: Sophia Loren también tiene setenta y cinco años. Sophia Loren tiene setenta y cinco años y nadie de los que pisan esa alfombra roja, que yo sepa, está sugiriendo para nada que ella se esté adaptando de forma inadecuada a la vejez. Este descubrimiento completamente insignificante me inunda de nuevas esperanzas, de una sensación renacida de posibilidades.

35

Cuando perdemos esa sensación de posibilidades, la perdemos deprisa.

Un día estamos enfrascados en vestir bien, en seguir las noticias, en mantenernos al día, en bregar, en lo que podríamos llamar *seguir vivos*; y al día siguiente dejamos de estarlo. Un día estamos pasando con verdadero entusiasmo las páginas de lo que sea que nos ha llegado en el correo –puede que sea *Vogue*, puede que sea *Foreign Affairs*, sea lo que sea estamos enormemente interesados, contentos de tener ese manual para *seguir vivos*–, y al día siguiente vamos andando hacia el norte por Madison Avenue, pasando por delante de Barney's y de Armani, o bien por Park Avenue, pasando por delante del Consejo de Relaciones Exteriores, y ni siquiera les echamos un vistazo al pasar. Un día estamos mirando la fotografía de Magnum en que aparece Sophia Loren en el desfile de Christian Dior en París en 1968 y pensando que sí, que podría ser yo, yo podría llevar ese vestido, yo estaba en París aquel año; y un instante minúsculo más tarde estamos en la consulta de algún médico que nos está contando lo que ya ha fallado y por qué nunca volveremos a llevar las sandalias de ante rojo con tacones de diez centímetros, nunca volveremos a llevar los pendientes de aro dorados, las cuentas esmaltadas, ni tampoco nos pondremos nunca el vestido que lleva Sophia Loren. Los daños infligidos por el sol cuando nos zambullíamos desde la balsa a los veintipocos años desoyendo las advertencias salen a la superficie ahora (nos dijeron que no nos quemáramos, nos dijeron lo que iba a pasar, nos dijeron que nos pusiéramos protector solar, pero no hicimos caso de ninguna de aquellas advertencias): el melanoma, las células escamosas, las largas horas mirando cómo el dermatólogo desprende los carcinomas con esos nombres que no queremos oír.

Las largas horas que pasamos recibiendo las infusiones intravenosas de la medicación que promete reemplazar el hueso que la vejez nos ha quitado.

Las largas horas que pasamos recibiendo las infusiones intravenosas y preguntándonos por qué aquella vitamina D que creíamos estar acumulando al no ponernos protector solar no hizo efectivo su potencial de formación ósea.

Las largas horas que pasamos esperando los escáneres, esperando los electroencefalogramas, sentados en salas de espera gélidas pasando páginas del *Wall Street Journal* y del *AARP The Magazine* y del *Neurology Today* y de las revistas de antiguos alumnos de las facultades de medicina de Columbia y Cornell.

Sentados en salas de espera gélidas, presentando las tarjetas de la aseguradora, explicando una vez más por qué, pese a la preferencia que establece la entidad emisora de la póliza, el Plan Sanitario Industrial del Gremio de Escritores ha de primar por encima del Plan de Asistencia Sanitaria a mayores de sesenta y cinco años, y no al revés, pese a mi edad; ahora mi edad es tema de discusión en todas las salas de espera.

Sentados en salas de espera gélidas repasando nuevamente las listas de medicinas y de síntomas y las descripciones y las fechas de todas las hospitalizaciones previas: limítate a inventarte las fechas, di cualquier cosa y luego reafírmate, por alguna razón siempre me viene a la cabeza «1982», *pues bueno, vale*, «1982», *con «1982» nos tendremos que apañar*, no hay manera posible de contestar bien esa pregunta.

Sentados en salas de espera gélidas intentando decidir el nombre y el número de teléfono de la persona a quien quiero que avisen en caso de emergencia.

Ahora le dedico días enteros a esa cuestión, la cuestión que no tiene respuesta alguna: *¿A quién quiero que avisen en caso de emergencia?*

Me lo pienso. Ni siquiera quiero plantearme que se produzca un caso de emergencia.

Sigo creyendo que las emergencias les suceden a los demás.

Digo que lo sigo creyendo, pero sé que no es verdad.

O sea, acuérdense: ¿qué fue aquel asunto de la silla plegable de metal en la sala de ensayos de la calle Cuarenta y dos Oeste? ¿De qué tuve miedo exactamente allí? ¿De qué tuve miedo en aquella sala de ensayos, más que de una «emergencia»? ¡O que me dicen de volver caminando a casa después de una cena temprana en la Tercera Avenida y despertarse en un charco de sangre en el suelo de mi dormitorio? ¿Acaso despertarse en un charco de sangre en el suelo de mi dormitorio no podría calificarse como una «emergencia»?

Muy bien. Aceptado. Se podría producir un «caso de emergencia».

A quién avisar. Lo intento con mayor ahínco.

Pero sigue sin venirme ningún nombre a la cabeza.

Podría darles el nombre de mi hermano, pero mi hermano vive a unos cinco mil kilómetros de lo que en Nueva York se podría definir como emergencia. Podría darles el nombre de Griffin, pero Griffin está rodando una película. Griffin está en un rodaje. Griffin debe de estar sentado en el restaurante de algún Hilton Inn —con demasiada gente sentada a la mesa, demasiado ruido— y no coge el móvil. Podría darles el nombre del primer amigo íntimo de Nueva York que me viniera a la cabeza, pero si lo pienso bien, el primer amigo íntimo de Nueva York que me viene a la cabeza ni siquiera está en Nueva York, está fuera de la ciudad, fuera del país, fuera, claramente imposible de localizar en el mejor de los casos, y reacio a ser localizado en el peor.

Mientras le estoy dando vueltas a la palabra «reacio», mi mente renqueante se despierta.

Sale a la superficie la conocida expresión «tiene que saberlo».

La expresión «tiene que saberlo» ha sido siempre el problema.

Solo una persona tiene que saberlo.

Ella es, por supuesto, la única persona que tiene que saberlo.

Déjame quedarme en el suelo.

Déjame quedarme en el suelo y dormir aquí.

Me imagino a mí misma diciéndoselo a ella.

Puedo imaginarme diciéndoselo porque todavía la sigo viendo.

Hola, mamás.

Del mismo modo que todavía la veo quitando hierbas de la pista de tierra batida de Franklin Avenue.

Del mismo modo que todavía la veo sentada en el suelo desnudo, canturreando al son del ocho pistas.

Do you wanna dance. I wanna dance.

Igual que todavía veo los jazmines de Madagascar de su trenza, igual que todavía veo la plumeria tatuada a través de su velo. Igual que todavía veo las suelas de color rojo intenso de sus zapatos mientras ella se arrodilla ante el altar. Igual que todavía la veo, en la cabina a oscuras del piso de arriba del vuelo vespertino de la Pan Am de Honolulú a Los Ángeles, inventándose aquel repunte imprevisto de la fortuna de Conejito.

Sé que ya no puedo llegar a ella.

Sé que si intento llegar a ella —si intento cogerle la mano como si ella volviera a estar sentada a mi lado en la cabina a oscuras del piso de arriba del vuelo vespertino de la Pan Am de Honolulú a Los Ángeles, si intento cantarle la canción del papá que se ha ido a buscar el pellejo de conejo para envolver a su conejita—, ella se me deshará en las manos.

Se esfumará.

Se adentrará en la nada: el verso de Keats que la aterraba.

Se apagará como se apagan las noches azules, se irá igual que se va la claridad.

Se volverá al azul.

Yo misma coloqué sus cenizas en el muro.

Yo misma vi cerrarse a las seis las puertas de la catedral.

Sé qué es lo que estoy experimentando ahora.

Conozco la fragilidad y conozco el miedo.

Uno no teme por lo que ha perdido.

Lo que ha perdido ya está en el muro.
Lo que ha perdido ya está al otro lado de las puertas cerradas.
Uno teme por lo que todavía no ha perdido.
Puede que ustedes todavía no vean nada por perder.
Y, sin embargo, no hay día en su vida en que yo no la vea.